INGRID
SCHLIEBUSCH

Valhalla

*Erinnerungen aus der
Zwischenwelt!*

novum pro

Dieses Buch ist auch als
e-book
erhältlich.

w w w . n o v u m v e r l a g . c o m

Bibliografische Information
der Deutschen Nationalbibliothek:

Die Deutsche Nationalbibliothek
verzeichnet diese Publikation in
der Deutschen Nationalbibliografie.
Detaillierte bibliografische Daten
sind im Internet über
http://www.d-nb.de abrufbar.

© 2024 novum Verlag

ISBN 978-3-99146-516-4
Lektorat: Birgit Himmüller
Umschlagfotos:
Yupiramos Group | Dreamstime.com;
NastyaSensei | pexels.com
Umschlaggestaltung, Layout & Satz:
novum Verlag
Autorenfoto: Ingrid Schliebusch

www.novumverlag.com

Druckprodukt mit finanziellem
Klimabeitrag
ClimatePartner.com/16547-2311-1001

Jedes Leben hinterlässt Spuren. Spuren in der Erinnerung.
Ihnen zu folgen, sie wiederzubeleben, sie zu vertiefen,
zu verinnerlichen, ihre Bedeutung zu ergründen,
um daraus die Antworten auf alle Fragen abzuleiten
– ob sinngebend oder nicht –
bereitet die Wiege für nachfolgende Generationen.

Die Weisheit

*Für alle Menschen, die Schuld in sich tragen und
sie im außen suchen.*

Für Vadim, der mir den Weg zeigte.

Für meine Mutter, die mich liebte und mir mein Leben schenkte.

Für meinen Vater, der mich erlöste.

Vorwort

Deutschland, Juli 2021

Das sind meine Erinnerungen. Meine, die meines Vaters Johannes, meiner Mutter Elsa, die meiner beiden Onkel Wilhelm und Vadim und die anderer Menschen. Mit Valhalla bringe ich sie zurück ins Irdische, um sie zu lösen. Ihr seid alle verbunden mit dem Leid und dem Schmerz, der uns widerfuhr. Alle seid ihr damit verbunden. Es gibt keine Schuld, aber Angst vor Leid, Schmerz und Tod. Das muss enden. Die Angst ist lebensfremd geworden. Sie macht euch unmenschlich, entfernt euch von Liebe und Mitgefühl. So wie es mir erging, entfernt sie auch euch immer weiter von eurem Selbst. Die Angst muss durch Liebe und Vertrauen ersetzt werden. Ihr braucht Mitgefühl für euch und füreinander! Liebe, Mitgefühl und Vertrauen in euch! Dann wird es enden.

Jakob Wilhelm

PROLOG

„Woran erkennt man die Wahrheit?", fragte die Lüge.

„Die Wahrheit kann man nicht erkennen, man kann sie nicht erfassen, weil sie alles umfasst. Die Wahrheit ist die allerhöchste Instanz, aus ihr spricht der Mensch ohne Worte", antwortete die Weisheit.

„Das verstehe ich nicht. Ich werde oft mit der Wahrheit verwechselt. Die Menschen mögen mich und ich fühle mich allgegenwärtig. Noch nie bin ich der Wahrheit begegnet. Wie kann ich sie finden?", fragte die Lüge.

„Du kannst sie nicht finden. Nach der Wahrheit sucht man nicht. Sobald du beginnst, sie zu suchen, ist sie nicht mehr wahr. Wenn sie nicht mehr wahr ist, findest du dich selbst. Hast du dich selbst gefunden und erkannt, wer du bist, endet dein Sein. In dem Augenblick, in dem du endest, wird die Wahrheit sichtbar", antwortete die Weisheit.

„Das heißt, ich kann ihr nie begegnen, weil sie nur sichtbar wird, wenn mein Sein endet?", fragte die Lüge.

„Du begegnest der Wahrheit jeden Tag, denn sie begleitet dich. Du kannst sie nicht sehen durch *deine* Augen, nicht hören durch *deine* Ohren, aber fühlen kannst du ihre Anwesenheit", entgegnete die Weisheit.

„Wie fühlt sich die Wahrheit an?", wollte die Lüge wissen.

„Halte inne und tritt beiseite, verschließe deine Augen und deine Ohren, dann kannst du sie fühlen", forderte die Weisheit die Lüge auf.

Die Lüge schloss ihre Augen und Ohren, trat beiseite und hielt inne, wie es die Weisheit gefordert hatte.

„Ich fühle die Wahrheit nicht, ich fühle nur Angst", sagte die Lüge ganz leise. „Die Angst sitzt zusammengekauert im Dunkeln, tief auf dem Grunde der Herzen und schaut auf den Tod."

„Gib ihr deine Hand und führe sie ans Licht!", rief die Weisheit.

„Wie soll ich das anstellen?", fragte die Lüge.

„Du bist die Lüge, dir wird sie vertrauen. Versprich ihr, dass ihr gemeinsam den Tod besiegen werdet, dann wird sie dir folgen", riet ihr die Weisheit.

Die Lüge tat, was ihr die Weisheit geraten hatte. Sie reichte der Angst eine Hand und versprach ihr, dass sie den Tod besiegen würden, wenn sie mit ihr gemeinsam ans Licht käme. Die Angst vertraute der Lüge tatsächlich. Im Glauben daran, den Tod zu besiegen, ließ sie sich von der Lüge ans Licht führen. Die Lüge begegnete der Wahrheit im selben Augenblick, in dem die Angst in ihr Licht trat. Im Lichte der Wahrheit beendete die Lüge ihr Sein und mit ihr die Angst, die sie fest an der Hand hielt.

Das EINE

„*Ich* bin es, erkennst du mich nicht?", fragte das Eine.

„Nein, wer bist du?", fragte er zurück.

„*Bin* ich es, erkennst du mich!", antwortete das Eine.

„Woher soll ich wissen, ob du es bist? Ich erkenne dich nicht!", entgegnete er.

„Erkennst du mich nicht, *bin* ich es *nicht*", fügte das Eine hinzu.

„Du *bist* es, wenn ich dich erkenne und wenn ich dich nicht erkenne, *bist* du *es nicht*?", fragte er. „Ich verstehe deine Worte nicht! Was willst du von mir?"

„Warum lebst du?", fragte das Eine unvermittelt.

„Warum ich lebe?", wiederholte er die Frage.

„Du bist verwundert über diese Frage?", fragte das Eine. „Warum bist du nicht tot, wenn du keinen Grund zum Leben hast?", setzte es gleich nach.

„Wer bist du, dass du mir solche Fragen stellst? Ich finde keinen Sinn darin", antwortete er.

„Du forderst einen Sinn in meinen Fragen, obwohl du keinen Grund zu leben weißt? Welchen *Sinn* hat es, dass du lebst?", fragte das Eine weiter.

„Ich lebe *ohne* Sinn", gab er zurück.

„*Alles* hat einen Sinn!", antwortete das Eine. „Wenn nicht alles einen Sinn hätte, warum sollte es dann *sein*?"

„Ich sehe keinen Sinn im Leben. Vielleicht kann ich ihn erst erkennen, wenn ich tot bin", fügte er hinzu und wandte sich ab.

Doch in welche Richtung er sich auch wandte – das Eine stand immer direkt vor ihm und schaute ihn freundlich, aber herausfordernd an.

„Warum stellst du diese Fragen ausgerechnet *mir*? *Ich* kann sie dir nicht beantworten!", sagte er schließlich.

„Ich stelle sie *dir*, weil nur *du* sie beantworten kannst! Sie enden in dem Moment, in dem du mich erkennst."

Er hielt inne und schaute das Eine an, als ob er es jetzt erst *wahr*nehmen könnte.

„Bist *du* das Leben?", fragte er schließlich.

„Ja, ich bin es!", antwortete das Leben liebevoll.

„Du kommst zu spät", antwortete er und schickte es fort.

Valhalla an einem Tag ohne Zeit

„Heute!", rief das Gestern. „Nein, morgen erst!", rief das Heute. „Jetzt!", rief der Moment. „Seid ruhig!", rief die Zukunft. „Die Vergangenheit holt sie sonst ein, die Zeit, die ihr verschwendet."

Nachdem das EINE weg war

„Ich friere, es ist so kalt hier im Dunkeln!", klagte sein Herz.

„Das ist seine Kälte! Das Leben hat uns verlassen", sagte sein Verstand.

„Wo ist das Leben? Warum ist es fort?", fragte sein Herz.

„Er wollte nicht mehr denken müssen, darum hat er es fortgeschickt!", antwortete sein Verstand.

„Aber du sprichst mit mir, also denkt er immer noch!", widersprach sein Herz.

„Ja, er denkt immer noch, aber nicht mehr *darüber* nach", entgegnete sein Verstand.

„*Worüber*?", fragte sein Herz.

„Über den Tod. Er muss nun nicht mehr über den Tod nachdenken, weil er jetzt tot *ist*", antwortete sein Verstand.

„Er ist tot?", fragte sein Herz bange.

„Ja, er ist tot. Eigentlich lebte er schon lange nicht mehr", sagte sein Verstand.

„Was meinst du damit, er lebte schon lange nicht mehr?", fragte sein Herz.

„Er hatte sich schon lange vom Leben abgewandt und dachte nur noch über den Tod nach", erklärte sein Verstand.

„Warum wandte er sich ab vom Leben?", fragte sein Herz.

„Er hatte die Lust daran verloren. Ständig fragte er mich nach dem Wert des Lebens, aber ich fand keine Antwort, die ihm gefiel!", antwortete sein Verstand.

„Das ist traurig. Ich fühle die Einsamkeit und seine Angst davor. Er verschloss mich, sodass er sich selbst nicht wahrnehmen konnte", sagte sein Herz leise.

„Jetzt ist Ruhe. Alle Gedanken sind gedacht. Es kommen keine neuen mehr. Nur noch seine Erinnerungen bleiben ..."

„... und seine Gefühle", ergänzte sein Herz und fragte: „Was geschieht mit uns, ohne das Leben?"

„Wir existieren nicht mehr. Durch das Leben *waren* wir. Ohne das Leben sind wir nicht mehr. Sein Körper vergeht und wir verlassen ihn. Wir sind jetzt frei", antwortete sein Verstand.

„Frei? Was bedeutet das, *frei* sein?", fragte sein Herz.

„Frei sein bedeutet, dass wir nun kein Teil mehr von ihm sind. Wir lösen uns von ihm. Das Leben ist schon fort. Wir sind noch da, weil wir immer zuletzt gehen", erklärte sein Verstand.

„Wohin gehen wir?", fragte sein Herz.

„Ich gehe auf in den Erinnerungen und du mit mir, denn alle Erinnerungen sind fest mit Gefühlen verbunden und jedes Gefühl mit einer Erinnerung. Dort bleiben wir, bis wir wieder erinnert und gefühlt werden von einem Menschen", antwortete sein Verstand.

„Ich fühle mich so schwer. Ich kann mich nicht lösen von ihm!", klagte sein Herz.

„Die Schwere ist nicht deine, sie bleibt hier. Nur leichte Herzen können sich vom Irdischen lösen", erklärte sein Verstand.

„Was geschieht mit ihr?", fragte sein Herz.

„Andere Herzen werden sie aufnehmen", antwortete sein Verstand.

„Andere Herzen werden diese Schwere aus Einsamkeit, Kummer und Angst weitertragen?", fragte sein Herz besorgt.

„Ja, sie bleibt hier. Andere Menschen werden sich ihrer annehmen und sie in ihren Herzen weitertragen" antwortete sein Verstand.

„Ich fühle die Schwere als unausgesprochenes Leid seiner Erinnerungen", sagte sein Herz. „Er fühlte sich ausgeschlossen vom eigenen Leben", fügte es hinzu.

„Er lebte schon lange nicht mehr", wiederholte sein Verstand und beendete sein Denken. Sein Herz ließ die Schwere los und folgte ihm.

Valhalla zwischen der Zeit

„Die Vergangenheit holt dich ein, wenn du zu lange hinsiehst. Dreh dich um! Dreh dich um!", lockte die Zukunft.

TEIL 1

ERINNERUNGEN AUS VOR DER ZEIT, IN DER ZEIT UND NACH DER ZEIT

KZ Sachsenhausen, April 1945 – Erinnerungen von Vadim

Der Tod ist allgegenwärtig. Er umschließt mich. Ich rieche, sehe, höre und fühle den Tod. Ich spüre mein Vergehen, mehr als mein Leben. Ich vergehe. Die Zeit steht still, doch ich vergehe. Ich lebe rückwärts. Ich will endlich Gewissheit, die sichere Gewissheit, dass ich sterbe oder leben werde. Ich kann nicht mehr ohne Gewissheit leben. Ich möchte wissen, wann es so weit ist. Heute, morgen, in einer Woche? Wann ist es vorbei? Lieber jetzt, dann habe ich Gewissheit!

Wir werden aufgelöst. Sie treiben uns fort! Sie treiben uns! Wer nicht mehr laufen kann, wird erschossen. Sie treiben uns! Der Tod treibt uns über die Felder. Ein Todesmarsch der lebenden Toten. Der Tod treibt uns voran. Viele bleiben auf der Strecke liegen, einfach liegen und sterben. Sie haben Gewissheit, dass es zu Ende ist. Doch es treibt uns voran, ein letzter Funke Hoffnung auf Leben, ein letzter Rest Leben, der noch in unseren ausgemergelten Körpern steckt. Niemand weiß, niemand weiß, aber einige hoffen noch. Die, die nicht mehr hoffen, bleiben liegen.

Ich falle, ich liege, werde ohnmächtig. Man tritt mich in die Seite. Ich rühre mich nicht. Er geht weiter und lässt mich sterben – endlich Gewissheit.

Ich liege. Die Zeit steht still. Es beginnt zu regnen. Mein Gesicht wird nass. Ich lebe noch. Ich lebe noch!

Ich werde hochgerissen. Man legt mich auf einen Karren und fährt mich. Wohin? Ich spüre das Holpern des Karrens, ich höre Stimmen, doch ich verstehe die Worte nicht. Ich liege im Stroh, „mehr tot als lebendig", höre ich sie sagen. Sie heben meinen Kopf und geben mir Wasser. Es läuft an meinen Mund vorbei. Ich habe keine Kraft, meine Lippen zu öffnen. Irgendwann spüre ich es hinunterrinnen in meiner Kehle. Es ist kühl und wohltuend. Ich schmecke Brühe, die mir eingeflößt wird, mit einem großen Löffel. Ich habe nicht vergessen, wie Brühe schmeckt. Ich falle in einen tiefen Schlaf.

Wie lange habe ich geschlafen? Ich bin wach. Ich lebe. Ich kann meine Augen öffnen und sehen. Ich spüre eine Hand, die weich über mein Gesicht gleitet. Ich kann sie spüren, ich rieche den Duft von Heu um mich herum. Ich lebe.

Dem Tode entronnen sei ich, sagen sie. *Glück* hätte ich gehabt. Doch ich spüre das Glück nicht, zu viel Tod war um mich herum. Ich kann mich nicht lösen von den Bildern, den Gedanken, den Schmerzen der vergangenen Jahre. Ich kann sie nicht löschen, so sehr ich mich bemühe. Ich müsste sie vergessen wollen, um weiterzuleben. Ich lebe, aber nicht *mein* Leben. Das habe ich verloren vor der Zeit. Ich habe es verloren, mein Leben. Es kommt mir so unwirklich vor, das Leben nach der Zeit. Ich solle alles vergessen, ich solle ein neues Leben beginnen, sagen sie. „Wie geht das – *vergessen*?", frage ich sie. Sie schauen mich an und doch sehen sie nicht mich, sondern den anderen, den, der übrig blieb nach der Zeit. Ich lebe, aber es gibt mich nicht mehr. Sie wissen keine Antwort auf meine Frage nach dem Vergessen, das sehe ich in ihren leeren Blicken – keine Antwort auf die Frage, wie man lebt, ohne sein Leben.

Ich bin wieder bei Kräften. Sie schicken mich fort. Hier könne ich nicht bleiben, sagen sie. Ich gehe, oder das, was von mir übrigblieb, nach der Zeit. Ich lasse mich treiben ohne Ziel, ohne zu wissen, wer ich bin.

Berlin, September 1945 – Erinnerungen von Vadim

Der Krieg ist vorbei. Ich bin frei. Frei zu sein, mein altes Leben wiederzubekommen, war mein sehnlichster Wunsch nach der Inhaftierung. Jetzt weiß ich, dass ich mein altes Leben nie wiederbekommen kann – ganz gleich, ob ich frei bin oder nicht. In Gedanken werde ich nie mehr frei sein. Meine Erinnerungen fesseln mich, halten mich gefangen in Sachsenhausen. In der Nacht begegnen mir die Toten. Ich sehe ihre Gesichter, ihre glänzenden starren Augen, ihre stummen Blicke. Sie greifen nach mir, wollen mich mitziehen. Ich laufe davon, aber sie holen mich ein. Ich höre ihre Schreie, ihr leises Wimmern, ihr Keuchen, ihren letzten Atemzug. Ich erkenne ihre Gesichter in den Lebenden und erstarre. Ich habe keine Angst mehr vor dem Tod. Keine Angst mehr. Ich spüre Hunger und Durst, ich friere und schwitze, bin müde, aber finde keinen Schlaf – sonst fühle ich nur Leere. Leere füllt mich aus. Es ist, als wäre ich ein Schlafwandler, der nie aufwacht aus seinem Albtraum. Ich habe keinen Platz mehr im Leben, bei den Lebenden. Das sehen sie, wenn sie mir begegnen. So viele Menschen stürzen sich in die Arbeit, jetzt, da der Krieg vorbei ist. Sie bauen wieder auf, sagen sie. Sie bauen wieder auf. Arbeitskräfte werden jetzt überall gesucht. So viele Männer sind im Krieg geblieben, so viele Männer. Man sieht nicht mehr, wer gut ist und wer schlecht. Alle Schlechten sind verschwunden, als hätte es nur Gute gegeben. Mitfühlende Blicke erkenne ich nur selten, zu viel Leid und Schmerz haben die Menschen erlebt, da bleibt kein Gefühl mehr übrig, das man teilen kann.

Ich arbeite für Obdach und Brot. Ich schleppe Steine und baue ihre Häuser wieder auf. Wohin sollte ich auch gehen? Ich bleibe. Wenn ich arbeite, spüre ich ein wenig. Mein Körper schmerzt. Ich lebe. Woher ich komme, fragen nur wenige, wohin ich gehöre, fragt niemand. Also bleibe ich. Niemand fragt, und das ist gut so. Was sollte ich ihnen erzählen? Das Unfassbare hat keine Worte. Die Menschen schweigen über ihr erfahrenes Leid, sie schweigen, weil sie ihr Leben zurückhaben wollen. *Ihr* Leben. Das verstehe ich. Ich schweige, damit sie ihr Leben zurückbekommen können – dafür muss ich schweigen. Ihre Blicke geben mir zu verstehen, dass sie nichts wissen wollen von dem, was hinter den Mauern geschah. Es ist so unwirklich, so unglaublich, dass sie es nicht glauben wollen, nicht glauben können, was hinter den Mauern geschah. Niemand möchte es wissen, niemand hat davon gewusst, niemand hat etwas davon gehört oder gesehen. Niemand.

Ich würde es selbst gerne nicht mehr wissen müssen. Nicht mehr denken müssen, nicht mehr träumen müssen. Verdrängung hilft den Überlebenden. Sie hilft den Lebenden. Das ist doch wichtig, dass sie den Lebenden hilft. Sie arbeiten ihren Schmerz weg. Sie arbeiten, um zu vergessen, was sie nicht wissen wollten, nicht wussten, nie hörten und nie sahen. Ich helfe, ich arbeite, ich esse und trinke, aber ich schlafe nicht, weil sie dann kommen und mich einholen, die Toten. Viele sind schlaflos und ruhelos, wie ich. Ich sehe Leid in ihren Augen. Sie wollen ihr altes Leben zurück, doch das gibt es nicht mehr.

Die Kinder spielen in den Trümmern – sorglos lachend. Das ist schön, sie spielen zu sehen und ihr Lachen zu hören. Ich ertappe mich dabei, wie ich ihnen lächelnd zusehe. Für einen kurzen Augenblick kann ich vergessen. Ich beginne, in der Nacht Tiere und Figuren zu schnitzen. Das konnte ich schon, als ich selbst ein kleiner Junge war. Mein Großvater hat es mir beigebracht. Ich schenke sie den Kindern, um ihre Freude und ihr Lachen zu erleben. Wenn sie lachen, kann ich vergessen. Ich beginne, mich an mein Leben zu erinnern, daran, wer ich war vor der Zeit.

Berlin, Frühjahr 1946 – Erinnerungen von Vadim

Wer ich bin … Ich habe keine Verbindung zu mir, der ich bin. Ich fühle mich nicht zugehörig zu meinem vergangenen Leben. Es erscheint mir fremd. Ich fühle mich wie ein Beobachter, wenn ich mein vergangenes Leben erinnere, wie ein Fremder. Ich spüre kein eigenes Leben, nur das Fremde kann ich beobachten und gehe darin auf. Wenn ich nicht beobachte, bin ich leer. So wie ich den Kindern beim Spielen zuschaue, schaue ich mein vergangenes Leben an. Wenn ich mich erinnere, sehe ich einen Jungen, der ich wohl mal war. Ich sehe seine Mutter. Sie trägt ein einfaches Kleid und eine Schürze darüber. Ihre Haare sind hinten zusammengesteckt. Sie ist jung, arbeitet viel, ist fleißig. Sie versorgt das Haus und die Tiere. Wir haben Tiere, nicht viele, aber auch nicht wenige. Es reicht zum Leben. Es geht uns gut. Wir leben auf dem Land. Mein Vater arbeitet auf den Feldern, meine Mutter versorgt Haus und Hof. Ich erinnere unsere Gänse und Hühner, die auf dem Hof herumlaufen. Ich laufe hinterher. Es macht mir Spaß, sie zu scheuchen, bis sie laut gackern und auffliegen. Meine Mutter ermahnt mich, dass ich die Hühner nicht scheuchen soll, aber ich tue es trotzdem, wenn sie nicht hinsieht. Sie trägt meine kleine Schwester auf dem Arm. Ich spiele viel draußen, meistens mit den Tieren. Meine Großeltern leben mit uns auf dem Hof. Großvater raucht Pfeife und repariert Zäune und Karren. Großmutter hilft im Haus und im Garten. Abends sitze ich mit Großvater auf einer Bank vor dem Haus. Es ist mild. Die Sonne steht schon tief. Er schnitzt Tiere und Figuren aus Holz für mich. Auch einen Karren und eine Kutsche schnitzt er mir. Ich lache und er brummt in seinen Bart. Ich rieche den Tabak aus seiner Pfeife. Ich liebe es, neben ihm zu sitzen, ihn zu riechen, seinen geschickten Fingern zuzuschauen.

Mein Gesicht ist nass. Ich schaue wieder den spielenden Kindern zu. Sie spielen Räuber und Gendarm mit Gewehren aus Holzstöcken. Zwischen den Ruinen kann man sich gut verstecken. Während sie spielen, sind sie unbeschwert. Viele von ihnen haben keinen Vater mehr, wissen nicht mal mehr, wie er aussieht, wie er sich anhört, wie er riecht. Ihre Mütter sind voller Angst und Sorge, doch sie zeigen es nicht. Sie müssen arbeiten. Die Kinder haben Hunger. In den Trümmern gibt es nicht viel, was heil geblieben ist, aber manchmal findet man noch etwas, was einmal jemandem gehörte, der dort lebte. Sachen, die sich auf dem Schwarzmarkt eintauschen lassen, gegen Nahrungsmittel, Seife und Kleidung. Es gibt eine Suppenküche. Die Frauen stehen Schlange und holen in ihren Blechschüsseln und Töpfen Suppe und etwas Brot für sich und die Kinder. Keiner klagt, keiner spricht darüber, was war. Alle halten sich fest an der erhofften Zukunft – alle halten sich fest an dem, was übrigblieb.

Der Winter war hart, forderte noch einmal viele Tote. Vor allem alte und schwache Menschen und Kinder. Sie erfroren ohne Obdach, waren zu schwach, um sich zu retten. Die anderen sind zu leer, um noch mehr zu trauern, um noch mehr Tote. Die Mütter weinen um ihre Kinder – ganz still, und dann arbeiten sie weiter für die Verbliebenen. Manche weinen nicht mehr. Sie verstummen und manche verschwinden, sind einfach weg, wie so viele andere, die einfach weg sind.

„Vadim, steh auf, die Sonne lacht!" Ich schrecke hoch und schaue in ein lächelndes Gesicht. Kurz erkenne ich meine Mutter, rieche sie, höre ihr Lachen. Eine junge Frau schaut mich an. Ich bin wieder hier. Ich heiße Vadim, heute ist der 14. April 1946, mein 22. Geburtstag.

Siebenbürgen – vor der Zeit – Erinnerungen von Vadim

Als ich ein Kind war, erzählte mir mein Großvater vom großen Krieg, der hier bei uns, um unser Land geführt wurde. Siebenbürgen war umkämpft. Menschen vergessen, wenn sie nicht erinnert werden. Die Toten werden vergessen. Rumänien hatte viele Tote im Ersten Weltkrieg zu beklagen. Das Land wurde geplündert und ausgeblutet. Mein Großvater erzählte von dem großen Heer, das aus einfachen Männern bestand, die nicht wussten, wie man Krieg führt. Mein Vater war einer von ihnen, doch er sprach nie über den Krieg. Auch meine Mutter nicht. Wer den Krieg gewonnen hat, wollte ich als Junge wissen. „Niemand", sagte mein Großvater bestimmt. „Niemand kann einen Krieg gewinnen, Vadi."

Meine Großmutter war sehr gläubig. Wie die meisten Rumänen gehörte sie der christlich-orthodoxen Kirche an. Sie sagte, dass ihr der Glaube helfe, alles zu ertragen. Sie hat vier Söhne im Krieg verloren. Mein Vater war der einzige, der aus dem Krieg zurückkehrte. Sie erzählte mir von Valhalla. Einem Ort aus der nordischen Mythologie, den sie sich zu eigen gemacht hatte, um ihre toten Söhne zu vergessen und sie gleichzeitig gut aufgehoben zu wissen. „In Valhalla bleiben sie, die vergessenen Toten. Sie können nicht fort aus Valhalla und warten", erzählte meine Großmutter. „Worauf warten sie?", fragte ich sie. „Sie warten auf ihre Erlösung", antwortete meine Großmutter. „Wo ist Valhalla?", wollte ich wissen. „Valhalla ist der Vorraum zum Himmel", antwortete sie. Ich stellte mir Valhalla als einen Raum vor, der dem Wartesaal im Bukarester Bahnhof glich, den ich schon einmal gesehen hatte. Ein großer Raum mit vielen Bänken, auf denen die Reisenden warten, bis ihr Zug kommt. „Warum sind sie vergessen, Großmutter?", fragte ich sie. „Es sind zu viele. Wenn wir sie nicht vergessen, können wir nicht an die Lebenden denken", war ihre Antwort. „Aber wie lange müssen sie denn warten, bis sie endlich erlöst werden?", fragte ich nach, denn die Vorstellung, dass die Vergessenen unendliche Zeit auf ihren Zug in den Himmel warten müssen, gefiel mir nicht. „Sie warten so lange, bis sie loslassen können von ihrem Leben. Sie tragen schwer, die vergessenen Toten. In den Himmel reist man mit leichtem Gepäck!", antwortete sie mir, doch ich verstand es damals nicht. Warum müssen die Toten ihr Gepäck dalassen? Warum haben Tote überhaupt Gepäck dabei? Diese und andere Fragen gingen mir durch den Kopf, doch ihr Blick sagte mir, dass ich die Antworten darauf nicht verstehen würde, und deshalb unterließ ich es, ihr diese Fragen zu stellen. „Das Leben beantwortet nicht alle Fragen, aber alle zu seiner Zeit, Vadi", sagte sie und strich mir übers Haar.

Ich erinnere mich gerne an meine Großeltern. Beide starben vor der Zeit. Erst mein Großvater und wenig später folgte ihm meine Großmutter. Beide sind unvergessen in meinen Erinnerungen. Sie haben bestimmt den ersten Zug bekommen.

Siebenbürgen – kurz vor der Zeit – Erinnerungen von Vadim

Meine Großeltern sind abgereist. Meine Großmutter freute sich auf ein Wiedersehen mit ihren Söhnen. Es fiel ihr nicht schwer, zu gehen, nach meinem Großvater. Für mich wurde die Welt ärmer ohne die beiden.

Ich war 11 Jahre alt, als meine Welt begann, sich zu verändern. Ich merkte es zuerst an meiner Mutter, die stiller wurde und ernster. Sie schaute mehr in sich, saß manchmal einfach da und ließ die Arbeit liegen. Ich dachte mir, dass sie traurig ist wegen der Großeltern, und versuchte, sie zu trösten. Ich sagte ihr, dass beide bestimmt den ersten Zug in den Himmel bekommen hätten, weil wir sie nicht vergessen. Ich erinnere mich, dass sie lächelte und mir über den Kopf strich, dann drückte sie mich fest an sich, sodass ich fast keine Luft mehr bekam. Traurig und still blieb sie. Mein Vater wurde noch ernster, kurz vor der Zeit. Er hörte jeden Abend Radio und sprach mit meiner Mutter darüber. Ich selbst war schon im Bett und hörte sie nur leise reden. Manchmal wurde es lauter und ich hörte die Stimme meines Vaters deutlicher. Ich erinnere mich, dass er von der Eisernen Garde sprach, doch ich verstand nicht viel von dem, was er sagte. Mein Großvater hätte es mir bestimmt erklären können, dachte ich, und vermisste ihn in dieser Zeit noch mehr.

Siebenbürgen 1937 – Erinnerungen von Vadim

Ich verstand nicht, was in unserem Land geschah. Es wurde zunehmend unruhig. Die Großeltern aus Brașov kamen zu uns auf den Hof. Sie hatten Koffer dabei und wollten, dass wir mit ihnen verreisen. Ich war noch nie verreist in meinem Leben und freute mich auf eine Reise mit den Großeltern.

Meine Mutter hatte meinen Vater auf einer Landwirtschaftsmesse in Brașov kennengelernt. Ihre Eltern hatten dort geschäftlich zu tun. Sie hatten ein Geschäft, in dem sie landwirtschaftliche Geräte verkauften, wie Eggen, Pflüge und Dreschflegel. Meine Großeltern gehörten der deutsch-jüdischen Gemeinde an. Meine Mutter sollte einen jüdischen Kaufmann heiraten. Dass sie sich in meinen Vater verliebte, war meinen Großeltern gar nicht recht, erzählte mir meine Mutter einmal. Ein Bauer, und dazu noch ein christlich-orthodoxer, war nicht für meine Mutter vorgesehen gewesen. Doch die Zeiten waren hart. Der Erste

Weltkrieg stand kurz bevor und im Angesicht dieser Unwägbarkeiten stimmten sie einer Heirat schließlich zu. Meine Mutter zog nach der Heirat auf Vaters Hof. 1916 trat Rumänien in den Krieg ein und kurz darauf wurden zuerst seine Brüder und zuletzt auch mein Vater eingezogen, um für unser Land zu kämpfen. Er blieb sechs Jahre fort. Ich wurde ein Jahr nach seiner Rückkehr aus der Kriegsgefangenschaft geboren.

Als meine Großeltern kamen, wollte mein Vater nicht verreisen. Er sagte, er wolle den Hof nicht aufgeben. Er hoffte, die Lage würde sich wieder beruhigen. Meine Großeltern gingen. Wir blieben.

Siebenbürgen 1940 – Erinnerungen von Vadim

Doch die Lage beruhigte sich nicht. Siebenbürgen wurde ein weiteres Mal zum Schauplatz politischer Machtdemonstrationen. Ungarn erhob Ansprüche auf den Norden, Moldawien auf den Süden unserer Heimat. Ich war 16 Jahre alt, als ungarische Truppen in Siebenbürgen einmarschierten. Unsere Heimat war Ungarn zugesprochen worden. Die Landesgrenzen wurden neu gezogen. Als Rumänen lebten wir nun in einem fremden Land. Viele Rumänen verließen den Norden, flohen nach Rumänien. Wir blieben. Mein Vater verharrte, war entschlossen, zu bleiben und auszuhalten, was immer uns erwarten sollte. Am Ende war es nicht seine Entscheidung zu bleiben oder seinen Grund und Boden aufzugeben. Er wurde enteignet, das Land seines Vaters wurde einem ungarischen Bauern zugesprochen. Mein Vater zerbrach daran, ließ sich willenlos zum Arbeitsdienst abführen. Meine Mutter, meine 9-jährige Schwester und ich mussten den Hof verlassen. Im Zuge der ethnischen Säuberung wurden wir in ein ungarisches Arbeitslager überführt. Als deutschstämmige Jüdin hatte meine Mutter unter der nationalsozialistischen Führung Ungarns keinerlei Rechte mehr. Meine Schwester und ich galten als deutsch-jüdisch-rumänische Bastarde. Wir wurden zunächst gemeinsam zum Arbeitsdienst auf den Feldern ungarischer Bauern eingesetzt. Dann wurden wir getrennt. Meine Mutter und meine Schwester blieben zusammen. Das letzte Mal sah ich sie bei der Kartoffelernte. Ich saß auf der Ladefläche eines LKW, der mich und andere deutsch-jüdische Lagerinsassen abtransportierte.

Valhalla

Vergessen, vergessen sind alle Toten. Warten, warten müssen sie, bis sie erinnert werden. Erlöst von ihrem Leid, gefangen durch das eure. Lasst los, lasst los, die Schwere. In den Himmel reist man mit leichtem Gepäck.

Irgendwann für immer – Erinnerungen von Vadim

Warum das alles passieren musste, *woher* der Hass der Menschen auf andere Menschen kam, *wer* entschied, wer leiden und wer herrschen sollte, *wie* Angst und Macht die Menschen verändert, frage ich mich, wenn ich von meinen Erinnerungen entlassen werde. Ich fühle mich haltlos, ohne meine Vergangenheit, ohne mein altes Leben, das sich fremd und gleichzeitig vertraut anfühlt, wenn ich mich daran erinnere. Meine Familie lebt in meiner Erinnerung immer noch auf unserem Hof. Meine Großeltern, meine Eltern, meine kleine Schwester werden niemals älter, wenn ich an sie denke. Ich konserviere ihre Leben, höre auf, zu erinnern vor der Zeit, als bewahrte ich sie damit vor dem, was danach geschah.

Warum die Menschen verdrängen, nicht erinnern wollen, festhalten an ihrem Rest von Leben, liegt wohl in ihrer Natur. Sie wollen leben, wollen *überleben*. Wenn sie aufhören zu wollen, hören sie auf zu leben. Ich dachte oft, dass ich lieber tot wäre, doch der Gedanke an Valhalla, an die wartenden Toten, die ihr Leben nicht loslassen können, war mir so gegenwärtig wie meine Großmutter, die mir sagte, dass ich festhalten soll am Leben,

23

solange es mir geschenkt wird. Wie *lange* man lebt, ist unwichtig, sagte sie mir einmal kurz vor ihrem Tod, *wie* man lebt ist es, worum es geht. „Wie soll man denn leben?", fragte ich sie. Als Antwort lächelte sie mich an und sagte: „Wenn du dir diese Frage nicht mehr stellst, kennst du die Antwort."

Ungarn 1941 – Erinnerungen von Vadim

Ich sitze auf der Ladefläche eines LKW, zusammen mit anderen jungen Männern. Sie sprechen deutsch und rumänisch. Ich verstehe beide Sprachen, doch rumänisch zu sprechen fällt mir leichter. Sie sind kaum älter als ich. Neben mir sitzt Karl oder Karol, wie er sich nennt. Seine Familie stammt aus Serbien. Er ist schon ein paar Wochen vor mir ins Arbeitslager gekommen. Bislang mussten wir Feldarbeit verrichten, doch jetzt besteht offenbar kein Bedarf mehr an Landarbeitern. Es sind inzwischen genug Frauen und Kinder in den Lagern, die diese Arbeiten verrichten können. Die kräftigen Männer werden seit ein paar Wochen weggebracht. Wohin, weiß er nicht zu sagen. Keiner der Weggebrachten kam zurück, also muss es weiter weg sein, meint er. Wir schweigen, als könnten wir darin ergründen, wohin wir fahren. Viele Stunden fahren wir über holprige, staubige Straßen. Unterwegs sehen wir immer wieder große Gruppen von Menschen, die mit Handkarren und Vieh unterwegs sind. Langsam bewegen sie sich fort. Dann Soldaten, immer wieder Soldaten. Wir werden angehalten, offenbar kontrolliert man uns. Ein fremder Wachmann schaut zu uns rein und inspiziert uns. Er spricht ungarisch. Ich verstehe nicht, was er sagt. Wir fahren weiter. Am frühen Abend passieren wir die Grenze nach Österreich. Wir haben Hunger und Durst. Der Wagen hält. Wir werden hinausgetrieben in ein Barackenlager. Hier sollen wir die Nacht verbringen. Wir bekommen Wasser, Brot und eine dünne Suppe. Wir schlafen auf schmalen Pritschen. Das Lager scheint ein Durchgangslager nahe der Grenze zu sein. Außer uns ist niemand hier inhaftiert. Am frühen Morgen geht es weiter. Wir werden wieder auf den Wagen verfrachtet. Ein Platz bleibt leer. Ich schaue fragend zu Karol. Er schüttelt den Kopf. Später höre ich aus den Gesprächen der anderen, dass Benjamin in der Nacht geflohen ist. Er rannte einfach los. Ein Schuss traf ihn in den Rücken. Wir passieren mehrere Militärposten. Es sind jetzt deutsche oder österreichische Militärposten, die uns kontrollieren. Ich verstehe, was sie sagen. Wir werden nach Deutschland gebracht. Deutschstämmige Arbeitskräfte sind begehrt, weil sie die Sprache verstehen. Am Abend des zweiten Tages sind wir am Bestimmungsort angekommen. Das Lager ist groß und in mehrere Sektoren eingeteilt. „Arbeit macht frei", steht auf dem Eingangstor. In der ersten Nacht erscheint mir Benjamin. Er lächelt.

KZ Sachsenhausen, Herbst 1941 – Erinnerungen von Vadim

Ich fühle mein atemloses Staunen über die Menschenmassen, die hier eingesperrt sind. Massen sind es und täglich werden es mehr. Männer und Frauen mit Kindern sind getrennt untergebracht. Wir werden eingeteilt nach Klassen. Es gibt Soldaten, Kriegsgefangene, Zivilisten. Sie sprechen viele Sprachen. Juden haben einen Stern auf den Jacken, bei manchen steht Ost auf den Aufnähern. Wir bleiben zusammen. Unsere Unterkunft ist ein großes Barackengebäude mit der Nummer 37. Hier sind jüdische Männer untergebracht. Viele sprechen deutsch. Es ist voll. Wenig Platz. Viele Männer sind ausgezehrt. Sie wirken eingefallen auf mich, zusammengesunken in sich selbst. Ich habe keinen Hunger angesichts der Menschen, mein Magen ist verschlossen. „Du musst essen!", sagt Karol und schiebt mit Suppe und Brot rüber. Ich esse. In der Nacht höre ich Stöhnen. Am Morgen bleiben ein paar Männer liegen. Wir müssen raus, werden zusammengetrieben. Wir werden begutachtet, sortiert und eingeteilt. Ich fühle mich wie bei einer Viehschau. Unsere Kleidung müssen wir ausziehen, bekommen Häftlingskleidung, aus groben Stoff gewobene Kleidung und Holzschuhe. Die frischen, kräftigen Männer werden zusammen auf mehrere LKW verteilt. Die Deutsch sprechenden Juden zusammen. Wir fahren wieder, doch nicht so weit. Ein großes Fabrikgelände der Daimler Werke ist unser Ziel.

Daimler Werke/KZ Sachsenhausen 1941/42 – Erinnerungen von Vadim

Wir passieren das Fabrikgelände. Hinter uns schließt sich das Tor. Auch hier gibt es bewaffnetes Wachpersonal in Uniform. Das Werk baut kriegswichtige Motoren. Sie brauchen Arbeitskräfte. Die Kapazitäten reichen nicht, um den Bedarf zu decken. Viele sind als Soldaten im Krieg eingesetzt. Frauen arbeiten hier an Fließbändern. Für die schweren Arbeiten sind sie nicht geeignet. Dafür werden wir und andere Kriegsgefangene eingesetzt. Ein beständiger Wechsel. Die Arbeit ist schwer. Wir arbeiten 12 Stunden täglich, werden angetrieben von den Vorarbeitern, bewacht und kontrolliert. Wer nachlässt, wird ausgetauscht. Fehler werden hart bestraft. Es ist anstrengend. Wir arbeiten bis zur Erschöpfung, werden wieder zusammengetrieben, zurückgefahren ins KZ. Wer aufgibt, unterschreibt sein Todesurteil. Schwäche wird nicht geduldet. Wer zu schwach ist, zu arbeiten, verliert das Recht auf sein Leben. Viele sterben einfach in der Nacht, haben sich davongemacht, sagen sie. So geht es Tag für Tag, Woche für Woche, Monat für Monat. Zeit ist bedeutungslos. Wir arbeiten, damit die deutsche Wehrmacht den Krieg gewinnen kann, sagen sie. Wir arbeiten, andere sterben, werden getötet. Manchmal als Abschreckung erhängt, direkt auf dem großen Platz. Es gibt viele Arten zu sterben. Jene, die sich davonmachen, haben es leicht, denke ich, und hoffe, dass auch ich mich einfach davonmachen kann – irgendwann. Es ist aber nicht so leicht, einfach zu sterben. Interessant, denke ich, wie viel ein Mensch ertragen kann.
Menschen wollen leben, selbst unter diesen menschenunwürdigen Bedingungen, mehr tot als lebendig, kraftlos, ohne Aus-

sicht auf ein Ende der Qual. Sie wollen überleben, für ihre Angehörigen, von denen sie nicht wissen, ob es sie noch gibt. Auch ich weiß es nicht. Mein Vater, meine Mutter, meine Schwester. Meine Großeltern, die verreist sind, mit großen Koffern. Vielleicht hätte mein Vater besser anders entschieden, damals, als er beschloss zu bleiben. Wo wir dann jetzt wären, frage ich mich.

Der Hunger vergeht. Man gewöhnt sich daran. Der Körper passt sich an, solange er kann. Ich arbeite, bis ich tot bin. Keine Schwäche zeigen. Wer schwach ist, wird aussortiert. Karol bleibt an meiner Seite. Er ist zwei Jahre älter als ich und kräftiger. Ich halte mich an Karol. Wir schaffen das, sagt er. Wir schaffen das! Karol ist geschickt, macht wenig Fehler. Sie lassen ihn in Ruhe. Andere haben weniger Glück und stecken Schläge ein. Schläge schwächen. „Konzentriere dich auf deine Arbeit, sie ist deine Lebensversicherung", sagt Karol zu mir. „So lange du arbeitest, lebst du. Wir schaffen das! Ich will leben. Ich will die Zeit danach erleben", sagt er. „Wann ist danach?", frage ich. „Halt durch! Bald!", antwortet er.

KZ Sachsenhausen, Herbst 1942 – Erinnerungen von Vadim

Schon ein Jahr arbeiten wir bei den Daimler Werken. Wir fertigen Motoren im Akkord. Andere Inhaftierte arbeiten im Straßenbau, bauen Schienentrassen oder Bunker. Wir bekommen nicht viel mit von den anderen, nicht viel. Was wir mitbekommen, reicht aus, um das Leid und die Qualen zu erahnen, die allerorts erfahren werden. Es finden immer wieder Tötungen statt. Manchmal werden die Häftlinge gezwungen, sich gegenseitig zu töten. Wer nicht gehorcht, wird selbst getötet. Die Menschen gehorchen und töten auf Befehl. Man muss aufpassen, dass man seine Menschlichkeit nicht verliert, sagt Karol. Die Menschlichkeit. Was bedeutet das, frage ich mich. Menschen sind wir alle – ohne Ausnahme. Die Wächter, die Kommandeure, die Soldaten, die Kriegsgefangenen, Zigeuner, Juden, Polen –

egal woher sie kommen – sind Menschen, oder nicht? Menschen. Was ist *menschlich*? Ist das Leiden, das Ertragen, der Wille zum Überleben menschlich? Ist die Mitleidlosigkeit, die Grausamkeit, das Töten anderer Menschen, menschlich? Ich denke, die Angst vor dem Tod ist menschlich. Die Angst. Als meine Großmutter starb, war sie ohne Angst. Sie freute sich auf das, was danach kommt. Wir trauerten – sie freute sich. Warum konnten wir uns nicht mit ihr freuen? Warum macht uns der Tod solche Angst? Der Abschied vom Leben, die Trennung von geliebten Menschen. Hilflosigkeit. Machtlosigkeit. Der Tod trennt uns vom Leben. Was danach kommt, weiß niemand. Wenn es das Paradies ist, warum fürchten wir uns davor? Ich sehe, dass tief gläubige Menschen im Angesicht des Todes zweifeln, ihre Angst zu sterben größer ist als ihr Glaube. Ich sehe Menschen, die ihr Leben geben für das Leben anderer. Die Soldaten an der Front sterben und töten für das Vaterland. Was macht es mit einem Menschen, wenn er einen anderen tötet, den er nicht einmal kennt? Was macht es mit all diesen Menschen, die uns quälen, schlagen, ermorden? Was würde ich tun, an ihrer Stelle? Wenn wir mit dem LKW zur Arbeit gefahren werden, sehe ich die Zerstörung allerorts um uns herum. Ich sehe Menschen. Sie sehen uns. Wir sind alle Menschen. Alle. Angst ist menschlich.

Unsere Baracke wird geräumt. Wir werden rausgetrieben und aufgeteilt. Die Alten, Schwachen und Kranken werden auf LKWs verfrachtet. Alle wissen, dass sie in den Tod fahren. Wir wissen es. Deportationen dieser Art hat es schon viele gegeben. Wir wissen es. Jeder hofft und betet, dass er nicht aussortiert wird. Die jungen, noch kräftigen und gesunden Männer dürfen bleiben. Sie sind noch nützlich. Die anderen sind es nicht mehr. Fast alle Baracken sind jetzt leer. Nur wenige durften bleiben. Durften bleiben. Neue Häftlinge werden einquartiert. Neue – keine Juden mehr, die sind fort. Ich bin Halbjude, wie Karol. Wir bleiben, dürfen noch leben. Wir arbeiten für das deutsche Vaterland. Arbeit macht frei. Wir arbeiten, damit Deutschland den Krieg gewinnen kann. Niemand kann den Krieg gewinnen, hat mein Großvater gesagt.

KZ Sachsenhausen, Winter 1942/43 –
Erinnerungen von Vadim

In der Nacht hören wir Sirenen. Fliegeralarm. Wir müssen verdunkeln. Es ist stockfinster in diesen Nächten. Wir hören Einschläge, nicht weit entfernt. Vielleicht ist es bald vorbei. Karol ist krank, er fiebert. In der Nacht schüttelt er sich vor Kälte. „Wir schaffen das!", sage ich zu ihm. Er darf es nicht zeigen, keine Schwäche zeigen. Ein paar Tage. Er hustet. Ich bete, ich flehe Gott an, ihn zu heilen. Ohne Karol – unvorstellbar. Die Wachen werden nachlässig, kontrollieren nicht mehr so genau, schauen nicht mehr jeden an. Der Krieg fordert seine Opfer und ihre Aufmerksamkeit. Große Verluste hat er schon gefordert. Wie viele Tote. Die Entschlossenheit lässt nach in manchen Gesichtern. Ihre Augen zeigen Zweifel. Nicht alle, nicht alle. Die meisten haben eine harte Fassade aufgebaut und lassen sich nichts anmerken, nichts an sich herankommen. Egal. Karol wird nicht gesehen. Übersehen. Er schafft es. Wir schaffen das. Es hat ihn geschwächt, er hustet immer noch, aber er arbeitet weiter. Er ist kräftiger als ich, kräftiger als andere, die am Fieber sterben.

Wir sehen die Zerstörung, wenn wir fahren. So viel Zerstörung. Die Sirenen heulen häufiger 1943. Immer mehr denke ich, dass der Krieg alle zerstört. Der Krieg. Wogegen kämpfen sie, die Soldaten? Großvater sagte, dass im ersten großen Krieg Rumänen an der Seite des deutschen Heeres kämpften, wie mein Vater und seine Brüder. Juden und Menschen slawischer Herkunft sind jetzt Untermenschen. Rassen mit niederer Intelligenz. Die Deutschen sind Herrenmenschen. Ein Volk, das herrschen muss, über die niederen Völker und Menschenrassen. Die Deutschen sind Arier. Die Untermenschen müssen ausgerottet werden, dürfen sich nicht mischen mit dem arischen Volk. Ich denke an meine Großeltern mit ihren großen Koffern. Sie ahnten wohl, was da kommt. Ich denke an meine Mutter und meine Schwester. Ich sehe sie in meiner Erinnerung bei der Kartoffelernte.

An den Kriegsgefangenen können wir erahnen, wie es steht mit dem Krieg. Viele Russen werden interniert. Wir sehen immer wieder ausgezehrte Soldaten durchmarschieren. Was mit ihnen geschieht, erfahren wir nicht. Sie werden nur durchgeführt. Es hat eine demoralisierende Wirkung auf uns, die fremden Soldaten zu sehen. Es war wohl die Absicht, uns zu zeigen, dass das deutsche Heer siegreich ist, was ein deutscher Sieg für uns bedeutet. Nie endend.

Was macht es mit den Menschen, all diese Gewalt, das alltägliche Leid. Ich versuche, mir vorzustellen, dass diese Menschen in Uniform nur noch Menschen sind, wenn sie keine Uniform mehr tragen. Sie gehen nach Hause zu ihren Familien, Frauen und Kindern, die sie lieben. Sie streifen sie ab, wie eine zweite Haut, die Uniform, und mit ihr, das, was sie hier alltäglich erleben. Unter ihrer Uniform sind sie nur noch Menschen, wie wir, ohne unsere Häftlingskleidung. Nicht zu unterscheiden voneinander, wenn wir sie tragen. Was tut mehr weh? Zu schlagen oder geschlagen zu werden? Geschlagen zu werden, schmerzt nur kurz, getötet zu werden noch viel kürzer. Ich fürchte jene, die Vergnügen empfinden, andere Menschen zu schlagen, zu treten, zu töten. Jene fürchte ich am meisten. Sie haben ihr Menschsein abgestreift. Wunden verheilen.

KZ Sachsenhausen, Winter 1943/44 – Erinnerungen von Vadim

Dieser Winter ist hart. Viele sterben durch die Kälte, viele. Besonders jene, die draußen arbeiten müssen, erwischt es. Wir haben Glück. Die vielen Toten können nicht alle beerdigt werden. Der Boden ist hart gefroren. Es dauert lange, so große Gräber zu schaufeln. Solange liegen die Toten draußen, ungeschützt vor Wind und Wetter, und warten. Diejenigen, die die Gräber schaufeln müssen, sind so entkräftet, dass sie selbst fast hineinfallen. Einer fiel hinein und wurde von den Wachposten gleich erschossen. So konnten sie ihn gleich liegenlassen. Die Wachposten blieben ungerührt. Ich nenne sie nur noch ‚die Uniformen‘. Sie gehen abends heim.

Adolf Hitler heißt ihr Anführer. „Sieg Heil!", rufen sie. Was machen die Deutschen, wenn sie gesiegt haben. Wenn sie die Welt in Schutt und Asche gelegt haben. Die Untermenschen ausgerottet sind. Was machen sie dann? Ich frage mich immer wieder, welches Ziel sie vor Augen hatten, als sie den Krieg begannen. Grausamkeit und Leid verändern die Menschen, verändern ihre Ziele. Ich sehe es an ‚den Uniformen'. Auch sie haben sich verändert in der Zeit, seit wir hier sind. Das tägliche Sterben geht nicht an ihnen vorbei. So sehr sie sich bemühen, nicht damit in Berührung zu kommen. Mein Großvater sagte mir einmal über den ersten großen Krieg, dass er so viel Leid und Tod gebracht hat, wie nie ein Krieg zuvor. Er sagte, die Menschen hätten sich verändert in den Kriegsjahren. Um Leid und Tod zu ertragen, muss man sich schützen, sonst stirbt man daran. Am schlimmsten jedoch hätte es die getroffen, die töten mussten im Auftrag. Sie kehrten als Fremde im eignen Körper zurück in die Heimat – wie mein Vater. Sie wären innerlich gestorben, was noch viel schlimmer wäre, als tatsächlich tot zu sein. Ich verstand den Unterschied damals noch nicht, den zwischen innerlich und tatsächlich tot sein. Jetzt weiß ich, was er meinte. Ich beobachte, wie die Wachposten innerlich absterben. Die Inhaftierten leiden und sterben an Hunger und Krankheit oder werden ermordet. Die Wachposten sterben innerlich. Viele sind schon lange tot. Arbeit macht frei, steht auf dem Tor. Arbeit tötet, denke ich – äußerlich und innerlich. Ich empfinde keinen Hass gegenüber den Uniformen. Innerlich sind sie schon tot. Gegenüber Toten kann ich keinen Hass empfinden. Der Krieg trifft alle – ohne Ausnahme.

Die Zerstörung nimmt im Verlauf des Jahres weiter zu. Die Sirenen heulen. Fliegeralarm. Bomben. Vernichtung. Viele Menschen sterben außerhalb unserer Mauern. Sterben im Bombenhagel. Es wird immer riskanter, mit dem LKW durch die Straßen zu fahren. Durchhalteparolen werden gebrüllt. „Für Volk, Führer und Vaterland!" Wer nicht an der Front den Heldentod stirbt, muss seinen Beitrag hier leisten. Also fahren wir. Fliegeralarm oder nicht. Wir fahren, um zu arbeiten für den Endsieg.

Valhalla

Es wird eng, hier in Valhalla. Zu viele Tote, um sie zu erinnern. Viel zu viele sitzen hier und warten. Menschen wieder. Alle zusammen, ohne Trennung. Sitzen hier und warten.

KZ Sachsenhausen, Winter 1944/45 – Erinnerungen von Vadim

Der Verfall des Krieges wird immer deutlicher. Jetzt schicken sie schon Kinder in den Krieg! Wie verzweifelt muss die Lage sein, wenn die eigenen Kinder in den Krieg geschickt werden. Wir hören es durch die Wachposten, die immer mehr dem Verfall preisgegeben sind. Wenn das Innere zerstört ist, lässt sich die äußere Fassade nicht mehr lange halten. Vom Endsieg spricht keiner mehr. Manche wirken beunruhigt. Ich sehe Zweifel in ihren Augen. Die Grenzen des Erträglichen sind bei vielen lange überschritten. So viele Tote häufen sich im Winter, so viele. Sie lassen sich nicht mehr verbergen, nicht mehr vergraben. Die Erde ist satt. Also verbrennen sie die Toten, um ihrer wieder Herr zu werden, um sie auszulöschen. Immer mehr Inhaftierte werden deportiert, um das Unübersehbare wegzuschaffen. Sie haben das Töten satt. Nicht alle, einige halten sich daran fest. Das Morden ist Routine geworden. In Gaskammern werden die Menschen zusammengetrieben, jene, die nicht mehr gebraucht werden, jene, die wegmüssen. Sie verbrennen ihr Hab und Gut, ihre Kleidung, ihre Schuhe, löschen ihr Leben aus, als hätte es sie nie gegeben – alle Spuren werden mit ihnen ausgelöscht.

Die Ostfront ist gefallen, der Krieg ist verloren. Sie kämpfen auf verlorenem Posten, geben nicht auf, kämpfen bis zum letzten Mann. Sie halten die Fahne hoch – noch. Ein paar Wachposten sind bereits verschwunden, ich habe sie schon ein paar Tage nicht mehr gesehen. Russische Truppen rücken immer näher. Wir können sie schon hören. Bald ist es vorbei. Bald! Wir arbeiten nicht mehr. Warten auf Befreiung oder Tod. Es wird Frühling.

Valhalla

Valhalla ist überfüllt. Wir müssen unten bleiben. Warten, bis wieder Platz wird. Wir stehen in einer langen Reihe mit unseren Koffern, die verbrannt wurden, mit uns. Endlich frei, wieder Mensch. Wir bleiben und suchen nach unseren Familien. Wo sind sie alle? Viele sind schon abgereist. Da stehen Soldaten in den Reihen, mit Kindern an ihren Händen. Kinder, die sie selbst einst waren. Um sich zu erinnern, wie es ist, wie es sich anfühlt, das Menschsein. Sie tun mir leid. Ihr Leid nimmt kein Ende. Unseres ist vorbei. Wir sind frei, endlich wieder Menschen.

Berlin 1936 – Erinnerungen von Wilhelm

Großdeutschland! Das tausendjährige Reich, eine reine Herrenrasse – arisch rein. Ein Leben im Paradies. Es steht uns zu. Wir sind die Auserwählten. Wir! Tod und Vernichtung denen, die anders reden, die uns verhindern wollen. Man kann nicht verhindern, was wahr ist. Ich fühle Wahrheit, aus tiefstem Herzen Wahrheit! Ich bin Arier. Die anderen sind falsch. Man muss sich vorsehen vor denen, welche die Wahrheit nicht erkennen. Sie wollen uns unterwandern, uns verunreinigen, um uns zu vernichten. Ich habe Angst vor den Widerwärtigen. Man sieht sie überall. Sie sind nicht zu übersehen. Wie Ratten haben sie sich ausgebreitet, nehmen uns unser Geld, unser Hab und Gut, nehmen unser Land. Sie gehören nicht dazu, verkleiden sich, damit sie nicht auffallen. Manche sind sehr geschickt in der Tarnung. Man erkennt sie nicht gleich. Man muss sich hüten vor denen, darf sich nicht mit ihnen einlassen. Sie tun nett und freundlich, sind aber insgeheim gemein und wollen dein Verderben. Das tausendjährige Reich kann nur Wirklichkeit werden, wenn wir sie vernichten, bevor sie uns zuvorkommen. Ich träume von ihnen, wie sie nach mir greifen, mich erdolchen wollen, hinterrücks, wie die Soldaten, die sie im Ersten Weltkrieg erdolcht haben. Verraten haben sie unser Vaterland, die

Heimatlosen. Ja, heimatlos sind sie, haben keine Wurzeln, sind Unkraut, Wucherungen, die hier auf deutschem Boden fruchtbar wachsen und sich vermehren. Sie durchdringen unsere Gemeinschaft, unsere arische Rasse wird geschändet. Durch die Vermischung mit ihrem Blut verlieren wir unsere Reinheit. Andere Sitten und Gebräuche, eine andere Kirche, eine fremde Sprache. Sie leben unter uns, als würden sie dazugehören. Das tun sie aber nicht. Sie gehören nicht zu *uns*! Sie verdrängen uns, wollen uns von innen heraus zersetzen, nachdem der Verrat nicht geholfen hat. Deutschland muss heilen! Wir müssen uns befreien von der Knute, von den Fesseln, die uns angelegt wurden nach dem Krieg. Ohne den Verrat wären wir siegreich vom Schlachtfeld gezogen! Ungeschlagen, aber verraten sind wir – ohne Schuld! Wir müssen uns befreien. Es ist unsere Pflicht. Was andere nicht sehen, liegt an ihrer Verblendung. Sie sehen nicht die Gefahr, die uns droht. Unserem deutschen Volk! Wir werden wieder Flagge zeigen. Ich bin stolz, ein Deutscher zu sein! Ich bin stolz, die Fahne zu tragen!

Berlin 1947 – Erinnerungen von Wilhelm

Die Schuld ist ein Kind der Lüge und Verdrängung. Sie lastet schwer, zu schwer, um weiterleben zu können. Ich war ein Kind der Schuld und Lüge. Ich suchte mein Heil in der Verdrängung. Die Lüge war so schön, so rein und frei von jeglicher Schuld. Ich heiße Wilhelm Werner. Ich bin Deutscher. Heute bin ich gestorben.

Berlin 1936 – Erinnerungen von Wilhelm

Ich bin gestern 10 Jahre alt geworden und seit heute stolzes Mitglied des deutschen Jungvolkes. Wie habe ich diesem Tag entgegengefiebert! Endlich kann ich meinen Beitrag leisten! Mein Bruder Johannes ist schon 14 Jahre alt. Schneidig sieht er aus in seiner HJ-Uniform! Ich freue mich so! Ich musste den Eid auswendig lernen: „*Jungvolkjungen sind hart, schweigsam und treu. Jungvolkjungen sind Kameraden. Der Jungvolkjungen Höchstes ist die Ehre.*"

In meiner Klasse bin ich der Zweitjüngste. Alle anderen sind schon Kameraden. Nur Jürgen muss noch ein paar Wochen auf seinen zehnten Geburtstag warten. Walter war der Erste. Mann, hat der angegeben in seiner Uniform. Jetzt gehöre ich endlich dazu. Es hat ewig gedauert, endlich zehn zu werden. Am Geburtstag des Führers stehe ich in Uniform dabei! Meine Mutter hat mich extra zum Frisör gebracht, damit ich ebenso schneidig aussehe wie mein Bruder. Jetzt bin ich es, von Kopf bis Fuß!

Meine Mutter ist stolz auf ihre Jungen. Ihre Augen leuchten vor Stolz, wenn sie uns anschaut. Mein Vater sagt nicht viel. Er klopft uns auf die Schulter und nickt uns zu. Mein Vater war Deckoffizier bei der kaiserlichen Marine im Ersten Weltkrieg. Er hat gegen die Franzosen gekämpft und das Eiserne Kreuz für Tapferkeit verliehen bekommen, genau wie unser Führer! Er wurde befördert für seine Verdienste für das Deutsche Reich und ist jetzt ein Leutnant – Deckoffiziersleutnant. Mein Vater fährt U-Boote. Einmal hat er uns mitgenommen auf den Stützpunkt und uns sein U-Boot gezeigt. Er sagt, im Krieg waren die U-Boote siegreicher als die Kriegsschiffe und das Heer. Dennoch haben wir den Ersten Weltkrieg nicht gewonnen. Aber mein Vater war bestimmt nicht schuld daran. Er hat tapfer gekämpft, trotz drohender Gefahren. Verloren wurde die Schlacht nicht auf See, sondern an Land, sagt er. Er sagt, dass wir den Ersten Weltkrieg verloren haben, weil wir einer Übermacht gegenüberstanden. Ich sage ihm, dass unser Führer sagt, der Erste Weltkrieg wurde nicht verloren, dass er sagt, wir wären verraten worden.

Das sage ich, ohne zu verstehen, was Verrat eigentlich bedeutet. Nach meinem kindlichen Verständnis muss es sich um etwas Schändliches gehandelt haben. Der Führer sagte, dass das deutsche Heer von hinten erdolcht wurde, und so stellte ich es mir auch vor. Erdolcht von jenen, die Profite aus dem Krieg schlugen, die nicht Deutsche waren oder einfach nur feige.

Mein Vater schweigt zu dieser Theorie. Er ist anderer Meinung. Das weiß ich. Das spüre ich, aber ich verstehe ihn nicht. Er sagt zu mir, dass ich das noch nicht verstehen kann und ich erst einmal groß und erwachsen werden muss, bevor ich mir darüber eine Meinung bilden und dazu stehen kann. Ich denke mir, der Führer würde es nicht sagen, wenn es nicht stimmte, wage es aber nicht, meinem Vater zu widersprechen oder ihn danach zu fragen. So belasse ich es dabei. Mir gefällt die Vorstellung, dass ich es insgeheim besser weiß als mein Vater. Er muss wieder zum Dienst und ist nur selten daheim. Seine Meinung behalte ich lieber für mich. Ich ahne, dass es keine gute Idee ist, den Kameraden davon zu erzählen.

Berlin 1937 – Erinnerungen von Wilhelm

Wir wohnen in Berlin-Friedrichshain. Ich gehe in die fünfte Klasse der Oberschule. Einer unserer Lehrer ist ein Kriegsveteran. Er hat nur noch ein Bein und ist stolz darauf, für das deutsche Vaterland gekämpft zu haben. Weil er nur noch ein Bein hat, ist er nicht mehr diensttauglich, sagt er. Aber das macht nichts, sagt er, denn an der Heimatfront kann man auch für das Vaterland kämpfen, und das täte er, indem er uns unterrichtet und uns zu künftigen Helden erzieht. Wir stehen zusammen an der Front, sagt er, wenn das Deutsche Reich sich zurückerobert, was ihm zu Unrecht genommen wurde. Ich finde es toll, ein Held zu sein. Mit Orden an der Brust siegreich aus der Schlacht zurückzukehren. Ich sehe mich, wie ich vom Führer die Hand geschüttelt bekomme und er mich auszeichnet für Tapferkeit vor dem Feind. Ich möchte auch Soldat werden!

Es ist wichtig, die deutsche Rasse rein zu halten, lernen wir. Es gibt viele verschiedene Menschenrassen auf der Welt. Solche wie wir, die reinen Blutes sind, und andere, die es nicht sind. Das Reichsbürgergesetz, so lernen wir, ist ein Gesetz zum Schutze des deutschen Blutes und der deutschen Ehre. Ehre besitzt nur der, der reines Blut hat. Das heißt, deutsche Eltern und Großeltern hat, und am besten noch die Urgroßeltern und Ururgroßeltern ebenfalls deutsche Reichsbürger waren. Dann gehört man zur Elite und darf hohe Ämter im Deutschen Reich bekleiden. Ich nehme mir vor, daheim unsere Ahnentafel aufzustellen. Die meisten meiner Kameraden sind reinen Blutes. Nur zwei sind es nicht. Jürgen hat polnische Großeltern und Bernhards Vater ist Jude, was noch schlimmer ist. Trotzdem sind beide Kameraden, und Bernhard ist zudem mein bester Freund. Bernhards Vater hat Seite an Seite mit deutschen Soldaten für das deutsche Vaterland gekämpft. Ich finde, da kann man eine Ausnahme machen, wegen der Reinheit. Was zählt, ist doch, wie man sich fühlt. Bernhard fühlt sich als Deutscher. Auch er will Soldat werden und für das Deutsche Reich kämpfen, wie sein Vater. Der Lehrer nimmt ihn als Beispiel dafür, was bei guter Erziehung aus einem Juden werden kann.

Mein Vater ist besorgt wegen des Reichsbürgergesetzes, nicht, weil er etwas zu verbergen hätte, denn er hat eine rein deutsche Ahnentafel, aber es gefällt ihm nicht, dass Mitbürger und Freunde ausgegrenzt und entrechtet werden. Er hält das für einen Fehler und sagt, dass der Führer sich da verrennt, in eine falsche Richtung. Viele deutsche Juden hätten bereits das Land verlassen. Es kann nicht die Lösung unserer wirtschaftlichen Probleme sein, die Juden aus dem Land zu treiben, sagt er. Ich erzähle ihm, dass der Lehrer Bernhard als Beispiel genommen hat, um uns zu zeigen, was deutsche Erziehung alles fertigbringen kann, und sage ihm, dass die Juden eben selber schuld sind, wenn sie sich nicht *deutsch* verhalten. Jeder, der will, kann ein guter deutscher Reichsbürger werden, auch wenn er nicht reinen Blutes ist, sagt unser Lehrer. Vater schaut zu Mutter und die schüttelt den Kopf. Mutters beste Freundin Christel ist auch Jüdin. Sie wollte heiraten im Mai. Heinrich Müller. Mit ihm ist sie verlobt, schon seit drei Jahren. Heiraten dürfen sie nicht mehr. Es ist jetzt per Gesetz verboten, dass deutsche Reichsbürger und Juden heiraten. Sie dürfen auch kein Verlobungspaar mehr sein, sagt Mutter. Ich kenne Tante Christel seit ewig und mag sie sehr. Auch Onkel Heinrich kenne ich schon lange. Es tut mir leid, dass sie eine Jüdin ist. Das wusste ich nicht. Ich spüre innerlich einen Stich.

Berlin, November 1938 – Erinnerungen von Wilhelm

In der letzten Nacht wurden jüdische Geschäfte und Einrichtungen zerstört. Die Schaufenster der Geschäfte wurden zerschlagen, die Waren auf den Bürgersteig geworfen. Die Juden werden aufgefordert, das Deutsche Reich zu verlassen. Sie sind hier nicht länger erwünscht. Es ist Nachmittag. Ich bin aus der Schule gekommen und finde meine Mutter in der Küche, sie hat geweint. Ihre Augen sind rot und verquollen. Johannes ist noch nicht zu Hause. Ich gehe zu ihr und lege meine Hand auf ihre Schulter. Meine Mutter nimmt mich in den Arm und drückt mich ganz fest. Das macht sie selten so fest.

Die Tür geht auf, Johannes ist gekommen. Er kommt in die Küche und schaut Mutter und mich fragend an. Meine Mutter schüttelt den Kopf. Sie möchte nichts sagen. Es klingelt, Onkel Heinrich steht vor der Tür. Er wechselt ein paar schnelle Worte mit Mutter, dann ist er wieder fort. Ich fühle mich unbehaglich. Die Stimmung wechselt so abrupt. Meine Mutter ist mit einem Mal sehr geschäftig. Sie räumt auf, sagt, ich soll meine Hausaufgaben machen. Ich möchte nicht. Ich spüre, dass etwas nicht stimmt, und bleibe stehen. Johannes ist auf sein Zimmer gegangen. Ich stehe immer noch im Türrahmen und schaue auf den Rücken meiner Mutter. Sie schaut mich an. Ihr Blick geht mir ins Innere, umklammert mein Herz und drückt es. Einen kurzen Moment nur, dann ändert sich ihr Blick. Ich sehe nichts mehr darin. Was ich eben kurz in ihren Augen sah, war tiefste Verzweiflung. Einen Ausdruck, den ich nicht mehr vergessen kann. Die ganze Nacht habe ich ihren Blick vor Augen. Er sagt alles – ohne ein Wort zu brauchen.

In der Schule heute fehlt Jürgen, aber niemand verliert ein Wort darüber. Sein Platz bleibt leer. Ich wage nicht, zu fragen, weil der Lehrer tut, als sei es so in Ordnung.

Mein Bruder Johannes erzählt mir nach der Schule von Aufrüstung, von einem Krieg, den wir führen und gewinnen werden, gegen die Bolschewisten. Ich weiß nicht, wer das ist, aber ich stimme ihm zu. „Die Bolschewisten sind schuld an der Niederlage im Ersten Weltkrieg", sagt er. „Die Bolschewisten wollen die Weltherrschaft an sich reißen und alle unterwerfen. Aber wir werden ihnen zuvorkommen! Die Säuberung des Deutschen Reiches von jüdischen Bolschewisten ist erst der Anfang", erklärt er. Ich frage ihn, ob alle Juden Bolschewisten sind. „Muss ja so ein, sagt er, sonst würde der Führer nicht alle Juden verurteilen." „Aber Bernhards Vater hat im Ersten Weltkrieg für das Deutsche Reich gekämpft, obwohl er Jude ist", sage ich. „Ja", sagt er, „aber trauen kann man ihnen trotzdem nicht. Am Ende sind es eben Juden, und jüdisches Blut lässt sich nicht verleugnen", sagt er. „Du musst auf der Hut sein, Willi, vor den Juden. Traue ihnen nicht, auch wenn du glaubst, sie zu kennen", rät er mir. Er hat gut reden, denke ich, seine Freunde sind nicht jüdisch. Ich fühle mich nicht ganz wohl bei dem Gedanken, dass ich Bernhard und seinem Vater nicht ganz trauen können soll, beschließe aber, nichts weiter dazu zu sagen.

Bernhard tut mir leid. Er ist so still geworden in letzter Zeit. Ich möchte ihm helfen, doch ich weiß nicht recht, wie. Die anderen meiden ihn zunehmend in der Klasse – auch der Lehrer übersieht ihn. Er sitzt allein und geht allein nach Hause. „Sein Vater ist eben Jude", sagen die anderen. „Ja", sage ich, „aber er ist unser Kamerad und außerdem mein Freund." Am Nachmittag gehe ich zu Bernhard. Seine Mutter öffnet mir die Tür und bittet mich herein. Im Flur der Wohnung stehen Kisten und Koffer. Ich frage nach Bernhard und seine Mutter ruft nach ihm. Bernhard kommt mir entgegen, er lächelt mich an und zeigt mit dem Kopf in Richtung seines Zimmers. Auch in seinem Zimmer stehen Kisten. Er packt Bücher ein. Karl May, der Schatz am Silbersee, mein Lieblingsbuch und auch seines, hält er in der Hand. Er hat es schon mindestens dreimal gelesen, sagt er, und drückt es mir in die Hand. „Wir können nicht alles mitnehmen", erklärt er. „Wohin", frage ich, „könnt ihr nicht alles mitnehmen?" „Wir gehen weg von Berlin, Willi", sagt Bernhard. „Wir gehen nach England. Meine Mutter hat dort Verwandte. Nächste Woche geht es los." Das haut mich um. Nach England. Ich frage nicht, warum, ich weiß es insgeheim, wenn auch nicht genau. „Mein Vater wollte bleiben", sagt Bernhard. „Er ist hier geboren und seine Eltern und Großeltern sind Deutsche, aber er ist eben auch Jude. Er dient in der Wehrmacht und glaubt an das Deutsche Reich, doch als Jude ist er nur noch ein Soldat zweiter Klasse", sagt Mutter. „Viele unserer Verwandten sind schon fortgegangen, andere fortgebracht worden – gegen ihren Willen", sagt er und schaut mich offen an. „Meine Mutter hat Angst, dass uns das auch passiert. Sie will unbedingt gehen, und nach den Anschlägen auf die jüdischen Geschäfte und Synagogen hat Vater endlich nachgegeben." Susanne, Bernhards kleine Schwester, schaut neugierig zur Türe herein. Sie lacht uns an und zeigt dabei ihre große Zahnlücke. „Susi wird in England eingeschult", sagt Bernhard und Susannes Lachen wird noch ein bisschen breiter, dann schließt sie die Türe wieder. „Heute war mein letzter Schultag. Wollen wir uns schreiben, wenn ich fort bin?", fragt er. „Auf jeden Fall", versichere ich ihm. Ich bin zwar kein großer Briefschreiber, aber Bernhard werde ich schreiben, so oft ich kann, verspreche ich ihm, bevor ich gehe, und hebe meine Schwurhand. Am nächsten Morgen bleibt auch sein Platz in der Schule leer. Niemand scheint es zu bemerken. Ich bin ein bisschen traurig und denke an den Schatz im Silbersee, der jetzt in meinem Bücherregal steht.

Berlin, August 1939 – Erinnerungen von Wilhelm

Johannes wird im Oktober 17 Jahre alt. Er geht jetzt in die Unterprima und soll im nächsten Jahr sein Abitur machen. Er sagt, wenn es Krieg gibt, will er sich freiwillig zur Wehrmacht melden. Unsere Eltern sind dagegen. Er soll sein Abitur machen, sagen sie. Doch Johannes will nicht hören, was mein Vater sagt. Vater ist Reservist. Er arbeitet auf dem Stützpunkt Wilhelmshaven. Wenn er nicht zur See fährt, ist er Ausbilder. Er sagt, dass sich viele junge Männer freiwillig zur Marine melden, die nicht wissen, was ein Krieg bedeutet. Mein Vater ist gegen den Krieg. Johannes ist mit Eifer dafür. So gibt es eigentlich nichts mehr zu sagen zwischen den beiden. Da Vater selten daheim ist, können sie sich auch nicht streiten. Doch heute ist Vater zu Hause und das Gespräch der beiden wird zunehmend ernster. Eigentlich sollte ich das Zimmer verlassen, meine Mutter geht in die Küche und gibt mir ein Zeichen, ebenfalls zu gehen. Ich stehe zögernd auf und bleibe schließlich im Türrahmen stehen, ohne dass beide Notiz von mir nehmen. Mein Vater streitet auch nicht mit einem Jungen, sagt er, der von Politik und Krieg nichts versteht. Früher hat Johannes zu Vater aufgesehen, erinnere ich. Er war stolz darauf, dass sein Vater U-Boot fuhr. Das war schon besonders und nicht so alltäglich wie die Berufe der anderen Väter in seiner Klasse. In letzter Zeit ist Vater in seinem Ansehen gesunken, weil er nicht alles gutheißt, was der Führer sagt und tut. Johannes kann es nicht ertragen, dass er so gegen den Krieg spricht. Das macht ihn wütend. Er sagt mit bebender Stimme zu ihm, dass es seine Pflicht sei, dem Deutschen Reich zu dienen. Er hat an den Stolz und die Ehre des deutschen Volkes zu denken, die es so schmählich verloren hat, durch den Verrat aus eigenen Reihen. Mein Vater schüttelt nur den Kopf und sagt eindringlich: „Junge, einen Krieg wie den letzten hat es zuvor niemals gegeben. Da ist mit ganz neuen Waffen gekämpft worden, die eine nie dagewesene, hohe Zahl an Opfern gefordert haben, und zwar auf allen Seiten. Wenn es jetzt Krieg gibt, dann wird dieser den ersten großen Krieg bei Weitem übertreffen. Das Ausmaß an Zerstörung und Opfern möchte ich mir nicht einmal vorstellen." Johannes starrt ihn trotzig an. „Du weißt es nicht besser, du hast den letzten Krieg nicht erlebt", sagt Vater beschwichtigend. Doch Johannes ist aufgebracht über Vaters Worte und legt in scharfem Ton nach, dass wir uns zurückholen müssen, was rechtmäßig uns gehört. Dabei schlägt er sogar mit der Faust auf den Tisch. Doch Vater lässt sich nicht von ihm provozieren. „Recht und Unrecht liegen im Krieg sehr dicht beieinander", entgegnet er ihm ruhig. „Sie verschwimmen miteinander. Johannes, es gibt mehr als eine Sicht, von der aus man einen Krieg betrachten kann." Johannes schüttelt vehement den Kopf. „Man darf es nur aus einer Sicht sehen, nämlich aus der Sicht des Siegers!", entgegnet er heftig und verlässt ohne eine Entgegnung abzuwarten die Wohnstube. „Niemand kann einen Krieg gewinnen. Du kannst deinen Gegner in die Kapitulation zwingen, doch einen ehrenvollen Sieg im Schlachtfeld, gibt es nicht. Den gab es nie", sagt mein Vater, mehr zu sich selbst. Mich sieht er dabei nicht an, obwohl ich die ganze Zeit über im Türrahmen stand und zuhörte, wie die beiden sich stritten. Ich spüre, dass mein Vater aus tiefster Überzeugung spricht. Bei Johannes bin ich mir dagegen nicht so sicher. Er plappert nach, was seine Kameraden sagen, die sich allesamt ereifern für den Krieg, ohne jemals einen erlebt zu haben, denke ich. Die älteren Leute sprechen ganz anders über den Krieg. Die, die selbst im Ersten Weltkrieg gedient haben oder jene, die Angehörige im Krieg verloren haben. Natürlich gibt es auch unter den Älteren solche, die sich für einen neuen Krieg begeistern, einige fallen mir sofort ein, wie zum Beispiel unser Lehrer, der Kriegsveteran. Doch wirken sie auf mich wie mein Bruder, nicht so *innerlich* überzeugt, wie ich gerade meinen Vater erlebt habe.

Bernhard schreibt mir aus England. Es geht ihm gut. Er spricht schon ganz passabel Englisch inzwischen und Susi lernt noch schneller als er. Sein Vater hat Arbeit als Vorarbeiter im Stahlwerk gefunden und seine Mutter als Näherin. Sie leben jetzt in einer kleinen Wohnung mitten in London. Das ist die Hauptstadt von England, schreibt er. Das weiß ich doch, antworte ich ihm. Er vermisst Berlin, seine alte Straße. Alles ist jetzt ein bisschen weniger. Sein Vater verdient nicht so viel wie in Berlin, wo er eine eigene Schlosserei betrieb, sodass seine Mutter jetzt auch arbeiten muss. Er spielt jetzt Fußball in einer Jugendmannschaft. Er schreibt, in England tragen die Jungen und Mädchen keine Uniformen. Zwar in der Schule, doch das sei etwas anderes. In der Freizeit gehen die Jungen in den Verein zum Fußball oder zum Cricket. Das wäre eine sehr komplizierte Sportart und eher was für die Wohlhabenden, schreibt er. Viel Freizeit habe er allerdings nicht, denn die Schule und das Erlernen der neuen Sprache verschlinge viel davon. Ich beneide ihn irgendwie. Wir lesen beide die gleichen Bücher und tauschen uns darüber aus, dann ist es fast so wie früher, als er noch in Berlin wohnte. Ich vermisse ihn.

Berlin, September 1939 – Erinnerungen von Wilhelm

In den frühen Morgenstunden ist die deutsche Wehrmacht in Polen einmarschiert. Johannes sitzt gebannt vor dem Radio, um die Ansprache des Führers zu hören. Mutter liegt krank zu Bett seit einer Woche. Die Nachricht vom Einmarsch in Polen lässt sie noch kränker aussehen, finde ich. Sie weint. Ich fühle mich hin- und hergerissen zwischen der Euphorie meines Bruders und den Tränen meiner Mutter. Krieg. Jetzt ist es so weit. In der Schule hält der Lehrer eine glühende Rede. Die Polen hätten auf deutschem Territorium zuerst geschossen. Der Führer hatte keine andere Wahl, als mit voller Härte darauf zu antworten. Italien und Japan werden an unserer Seite kämpfen. Österreich und Tschechien haben sich dem Deutschen Reich angeschlossen. Wir sind tief beeindruckt von der Wortgewalt des Lehrers und des Führers, dessen Rede wir gemeinsam im Radio hören. Es fühlt sich richtig an, dass sich das Deutsche Reich verteidigt. Es fühlt sich großartig an, dass so große Nationen wie Italien und Japan an unserer Seite kämpfen werden. Alles klingt heroisch und siegessicher! Uns trifft keine Schuld am Krieg. Wir haben ihn nicht begonnen. Das ist wichtig, finde ich, genauso wie bei jeder Schlägerei, ist es immer wichtig zu wissen, wer angefangen hat, wer schuldig ist. Es fühlt sich gut an, nicht schuldig zu sein. Ich fühle mich solidarisch mit meinen Kameraden, die mit dem Lehrer nach der Ansprache des Führers laut „Sieg Heil!" rufen.

Johannes will die Schule schmeißen und sich sofort freiwillig melden. Er darf aber nicht, weil er erst 17 ist. Er muss noch warten, bis er 18 wird, und dann wird er zum Wehrdienst einberufen. Ich finde das spannend, fast wie bei Karl May, nur, dass es hier nicht gegen Indianer oder Schurken geht. Ich möchte auch schon 18 sein! Alles klingt wie ein großes Abenteuer, da will ich mit! Ich schreibe Bernhard, ich bin so aufgeregt. Überall werden die Fahnen gehisst als Zeichen der Solidarität. Es sieht wunderschön aus, das Fahnenmeer, fast wie beim Festumzug. Doch feiern tun die Leute nicht. Die Stimmung auf den Straßen ist überwiegend ernst und gedrückt – keine Feierstimmung. Irgendwie habe ich mir das anders vorgestellt und bin ein wenig enttäuscht.

Oh Mann, jetzt geht's aber richtig los. Offenbar sind Frankreich und England nicht unsere Verbündeten. Sie haben uns den Krieg erklärt und damit klargemacht, auf welcher Seite sie stehen. Jetzt haben wir Krieg mit England und Bernhard, der jetzt doch auch Engländer ist. Ich muss ihn unbedingt danach fragen, in meinem nächsten Brief.

Er schreibt mir, dass er es nicht ist, und ich bin erleichtert. Er schreibt, dass er zwar in England wohne, aber immer noch Deutscher sei und sein Herz für Deutschland schlage, ganz gleich, wo er wohnt. Sein Vater sieht es ebenso. Er würde wieder für seine Heimat kämpfen. Nur seine Mutter ist ganz anderer Meinung. Sie sagt, dass die Heimat dort ist, wo die Familie ist, und in Deutschland hätten sie keine Familie mehr, die wäre jetzt hier. Ein Land, aus dem man vertrieben wurde, weil man einen anderen Glauben hat – und seine Mutter ist evangelisch, genauso wie Bernhard – hätte es nicht verdient, dass man es Vaterland oder Heimat nennt, und schon gar nicht, dass man für es kämpft. Die Eltern sind sich uneinig, aber Bernhard hält mit seinem Vater und mit mir!

München, November 1939 –
Erinnerungen eines Widerständlers

„Es ist misslungen. Hitler lebt und mit ihm seine Schergen. Vorsehung. Meine Kehle ist zugeschnürt. Ich bekomme keine Luft mehr. Tonnenschwere Last sitzt auf meiner Brust. Ich kann das Unfassbare nicht fassen, will es nicht fassen. Das darf nicht wahr sein! Es darf nicht wahr sein!! Wie konnte das geschehen? Lieber Gott! Wie konntest du das zulassen? Er soll leben und Tausende Menschen in den sicheren Tod führen? Dann soll es so sein! Beginnen mag er mit mir. Ich bin am Ende."

Berlin, November 1939 – Erinnerungen von Wilhelm

Ein Attentat auf den Führer. Er hat überlebt. Er war schon fort, als die Bombe explodierte. Ich fühle mich seltsam. Keine Erleichterung spüre ich, keine Freude breitet sich aus. Es ist, als hätte jemand die Tür zugeschlagen, die einen Moment weit offenstand. Die Rettung vor dem Unausweichlichen. Was wäre geschehen, ohne ihn? Wäre der Krieg zu Ende, kaum, dass er begonnen hat? Würden andere ihn weiterführen? Nun geht es weiter. Ich fühle Beklommenheit über uns. Der Führer lebt. Ich sollte mich freuen, oder nicht?

Johannes ist jetzt beim Wehrdienst. Er hat die Schule verlassen, bekommt sein Abitur aber dennoch. Er kann eine verkürzte Prüfung ablegen, wenn er sich nach der Wehrdienstausbildung freiwillig zum Heeresdienst meldet. Das will er. Viele seiner Klassenkameraden gehen denselben Weg, nur wenige zögern noch. Ein geschenktes Abitur. Wer das ablehnt, ist entweder blöd oder feige, sagt Johannes. Er sei beides nicht. Ich habe ein mulmiges Gefühl und bin gerade froh, dass ich nicht vor dieser Wahl stehe. Ich fühle mich nicht feige, durchaus nicht und blöd möchte ich auch nicht sein, aber ... Ich wünschte, ich könnte aus vollem Herzen ja oder nein sagen. Ich kann beides nicht, bin irgendwie dazwischen. Dazwischen sein ist mulmig.

Bernhard schreibt von Angriffen der deutschen Luftwaffe auf England. Sie bombardieren die Städte, sagt er. Sie bombardieren ohne militärischen Zwang. Er meint damit, dass sie zivile Ziele bombardieren. Er hält das für schändlich. Sein Vater sagt, das sei unehrenhaft. Ich weiß nicht, was ich davon halten soll. Ich weiß es nicht und es macht mich verrückt. Es darf einfach nicht so stimmen, wie Bernhard schreibt, denn wenn es wahr ist, dann sind die Deutschen feige. Wenn man wehrlose Menschen tötet, ist man feige, oder nicht? So aus der Luft heraus. Ich hoffe, dass Bernhard sich irrt und die Bombardierung doch militärischen Zwecken diente. Was weiß er denn schon? Aber wenn es stimmt, dann stimmt es nicht, was wir im Radio und in der Zeitung über den Krieg in England hören und lesen. Beides kann nicht stimmen!

Ich zeige meiner Mutter Bernhards Brief. Sie liest und schaut mich an. Das reicht, um zu wissen, was sie darüber denkt.

Vater, Mutter, Bernhard, Johannes – alle schwirren mir im Kopf herum. Was ist wahr? Ich weiß es, innerlich weiß ich es. Mein Vater sagt, wenn du innerlich zustimmen kannst, dann ist es wahr. Ich *muss* innerlich zustimmen. Es drängt mich dazu. Ich will es nicht, aber ich muss. Mein Vater ist nur noch sehr selten zu Hause. Unabkömmlich ist er. Mutter bittet ihn, vorsichtig zu sein. Sie hat Angst, dass er verhaftet wird. Er ist ohne Sorge diesbezüglich, weil er unverzichtbar ist. Mutter hat dennoch Angst um ihn, weil er nicht so spricht wie die anderen. Er sagt, dass er weiß, was er tut und was er lässt. Er schweigt bei den Falschen, sagt er. Er macht Dienst nach Plan. Ich bin froh, dass Johannes nicht mitanhört, was die beiden sagen, wenn er nicht zu Hause ist. Es würde ihm nicht gefallen, soviel ist sicher. Er ist nur noch selten daheim. Er wohnt in der Kaserne, und das ist gut so. Irgendwie.

Valhalla in der Zeit

Hier sitzen sie nebeneinander – Täter und Opfer. Hier sitzen sie nebeneinander. Keine Schuld existiert hier mehr. Keine Schuld. Sie bleibt zurück auf der Erde und lastet dort auf den Schultern derer, die wieder zu Tätern und Opfern werden. Täter und Opfer. Sie existieren hier nicht mehr, diese Gefühle von Opfern und Tätern. Sie sind zurückgeblieben auf der Erde, wie die Schuld, die sich von ihnen nährt. Sie bleiben hier sitzen, die Opfer und Täter, kleben hier fest, kommen nicht los von den Erinnerungen, die sie festhalten. Sie warten darauf. Darauf, dass die Menschen sich *erinnern*. Sie warten darauf, ohne zu wissen, dass sie darauf warten, denn Zeit existiert nicht, hier in Valhalla, und ohne Zeit kann man nicht warten. So sitzen sie halt nebeneinander und warten ohne Zeit.

Sowjetische Zone 1961 – Erinnerungen von Johannes

Ich bin gefangen im Nirgendwo. Es existiert kein Ort, keine Zeit mehr hier. Gefangen mitten im Nichts. Kein Gefühl, innerliche Leere, äußerlich noch nicht tot, aber innerlich gestorben, mit denen, die wir töteten. Einen Menschen zu töten, ohne selbst dabei zu sterben, gelingt nur äußerlich. Mein Innerstes starb beim ersten Mord. Mord auf Befehl. Töten auf Befehl. Das habe ich mir anders vorgestellt – ganz anders. Ich hatte das Bild eines feindlichen Soldaten vor Augen, der mit gezogener Waffe und hassverzerrtem Gesicht auf mich zustürmt. Niemand bettelte um sein Leben in meinen Vorstellungen, niemand weinte und schrie. Niemand hatte ein Gesicht mit flehenden Augen. Wenn das Leben entweicht, die Augen brechen, ihren Ausdruck verlieren und starren, als hätten sie den letzten Augenblick festgehalten, den letzten Augenblick konserviert. Das verlässt mich nie wieder. Nie wieder kann ich diese starren Augen vergessen, die ich zum Erstarren brachte durch einen Schuss. Ein Schuss, eine Sekunde nur liegt zwischen Leben und Tod. Der Tod ist endgültig. Manche habe ich betteln gehört, um einen schnellen Tod. Sie schrien nach Erlösung, wenn sie von Granaten zerfetzt am Boden lagen. Doch wir sind grausam und erfüllen jenen, die sich danach sehnen, ihre Sehnsucht nicht. Sie müssen verrecken. Ich habe mich schon so oft übergeben, dass mein Magen keine Nahrung mehr lange bei sich behalten kann. Ich schreibe nach Hause. Es geht mir gut, ich lebe. Nichts von den Schrecken möchte ich mit nach Hause nehmen, nichts von der

Angst, die mich beherrscht. Nichts. Zu Hause ist alles wie früher in meinen Träumen.

Ich sitze im Garten, die Blumen blühen, meine Frau Elsa ruft unsere beiden Jungen herein zum Essen. Sie bemerkt mich nicht. Ich bin ein Schatten, ein Gast in der Vergangenheit. Der zuschaut, aber nicht beteiligt ist an dem Geschehen um mich herum. Ich weiß nicht, ob ich noch da bin im Nirgendwo oder zu Hause. Es spielt keine Rolle. Manchmal dringe ich durch ins Leben. Kurze Zeit, dann tauche ich wieder ab und nehme den Schrecken mit mir, ganz tief ins Innere. Meine Frau schaut mich lächelnd und besorgt an. Sie weiß es nicht. Sie bleibt außerhalb von mir. Die Kinder sind fremde Kinder. Sie sind nicht meine, obwohl sie es sind. Sie sagen Vater zu mir. Vater. Vater ist tot. Schon lange tot. Wie Mutter überlebte er den Krieg nicht. Wie ungerecht, denke ich. Die Zuhausegebliebenen sind tot. Zerstört mit Haut und Haaren wurde meine Mutter. Nichts blieb von ihr oder unserem Haus. Nichts blieb. Nichts. Sie weinte, als ich ging. Ich hatte keine Tränen für sie, keine für sie und keine für mich. Es fühlt sich fremd an, das alte Leben, so, als hätte ich es in einem Buch gelesen und nicht selbst erlebt. Fremd, wie mein Vater mir war, weil ich es so wollte. Er hatte recht, seine Worte waren wahr, so wahr. Aus mehreren Sichten heraus kann man einen Krieg betrachten, sagte er zu mir, um ... der Grund dafür war das, was mich davon abhielt, auch nur ein Wort zuzulassen. Er erlebte den Tod von Mutter nicht mehr. Ich lebe. Elsa ruft nach mir – meine geliebte Frau. Ohne sie wäre ich längst nicht mehr. Längst nicht mehr. „Johannes", ruft sie, „komm, wir wollen essen!" Johannes, das ist mein Name. Ich erinnere mich.

Berlin 1953 – Erinnerungen von Johannes

Jakob Wilhelm wurde im Mai 1956 geboren, drei Jahre, nachdem ich aus dem Krieg heimgekehrt war. Heimkehrte nach Berlin, wo einmal mein Zuhause war. Ich erfuhr erst nach meiner Rückkehr vom Tod meines Bruders. Er hatte mir geschrieben bis

1947, dann hörte ich nichts mehr von ihm. Mein Bruder Willi ist in meiner Erinnerung immer noch 14 und trägt kurze Hosen. Tote altern nicht. Er hat den Krieg genauso wenig überlebt wie ich. Er wurde 1943 als Flakhelfer eingezogen. Bei einem Bombenangriff wurde er so schwer verletzt, dass er ein Bein und sein rechtes Auge verlor. Ein Krüppel, ein Kriegsversehrter – ohne je Soldat gewesen zu sein. Er starb nicht ganz, nur zum Teil, so schrieb er mir. Vater starb bei einem Bombardement des Marinestützpunktes im Oktober 1944. Meine Mutter starb in den Trümmern unseres Hauses. Ich habe keinen von ihnen nach Oktober 1939 wiedergesehen. Viele Erinnerungen haben mich verschlungen. Das, was übrigbleibt, sind Nostalgie und Traurigkeit. Bilder aus unserer Kindheit, glückliche Tage. Vielleicht waren sie es gar nicht, aber in meiner Erinnerung sind sie es.

Vierzehn Jahre hat mein Krieg gedauert. Vierzehn Jahre. Mein halbes Leben fast. Er dauert an – jede Nacht begegnet er mir.

Die Menschen sind heiter und fröhlich 1953. Der Krieg ist für die meisten von ihnen seit acht Jahren vorbei. Niemand möchte mehr daran denken, darüber sprechen. Alle Toten sind beerdigt, alle Trümmer beseitigt. Ich komme an, mit dem Zug auf dem Berliner Ostbahnhof, zusammen mit Hunderten von Kriegsgefangenen. Wir kommen zurück in die Heimat, nach der wir uns so lange sehnten, dass wir nicht mehr daran glaubten, sie jemals wiederzusehen. Zurück nach Hause, nach Berlin, wo nichts mehr so ist, wie wir es kannten. Die Stadt hat ihr Gesicht verändert. Die Menschen haben ihr Gesicht verändert. Zuhause. Ein Zuhause gibt es nicht mehr. Wir sind Überbleibsel aus einer Zeit, an die niemand mehr erinnert werden möchte. Überbleibsel. Herausgerissen aus unserer Zeit und hineingespuckt in eine neue Zeit. Niemand empfängt mich. Keiner weiß, dass ich komme. Ich komme nach Hause.

Wir werden erwartet am Bahnhof. Menschen stehen dort und warten auf uns. Auf diejenigen, die niemanden mehr haben, der auf sie warten könnte, warten Ehrenamtliche vom Deutschen Roten Kreuz. Während einige von uns in die Arme von glücklichen Müttern oder Anverwandten sinken, werde ich auf einer

Liste abgehakt. „Bitte folgen Sie mir", sagt eine junge Frau in Uniform. Am Arm trägt sie eine Binde mit einem roten Kreuz auf weißem Grund. Auf der Brust ein Namensschild. Elsa steht darauf. „Ich habe Sie erwartet, Johannes", sagt sie, lächelt mich an und geht voran in die Bahnhofsvorhalle.

Berlin 1953 – Erinnerungen von Johannes

„Ich habe Sie erwartet, Johannes." Diesen ersten Satz werde ich nie vergessen. Er verwirrt mich im ersten Augenblick, dann wieder denke ich, dass sie nicht mich meint, nicht mich meinen kann, oder dass sie alle so begrüßt, die ankommen, ohne anzukommen. Elsa läuft voraus, ich folge ihr. So wird es bleiben, für den Rest unseres gemeinsamen Lebens.

Elsa, meine wunderschöne Frau, die Mutter meiner Kinder, meine Familie, mein Leben. Ich verdanke dir mein Leben, und das meine ich wörtlich, genau so, denn durch dich begann es. Ich erinnere mich nur noch schemenhaft, was an diesem ersten Tag alles geschah, ich war in einer anderen Welt angekommen als der, die ich vierzehn Jahre zuvor verlassen hatte.

Die Eindrücke überwältigen mich. Ich sauge sie auf, wie ein Schwamm. Wir werden in einer Unterkunft untergebracht für Heimkehrer ohne Zuhause und ohne Angehörige, für Vermisste, die zunächst wieder ihre Familie finden, oder gefunden werden müssen. Viele von uns haben keinen Kontakt mehr zu ihren Familien und wissen nicht, ob sie den Krieg überlebt haben oder nicht. Wir werden gut untergebracht und versorgt. Dann gibt es Gespräche. Wir werden darüber informiert, was der Suchdienst des DRK über den Verbleib unserer Familien weiß. Viele erfahren, dass ihre Angehörigen schon mehr als zehn Jahre tot sind, andere, dass sie selbst für tot erklärt worden waren und ihre Frauen neu verheiratet sind. Einige bekommen die Nachricht, dass man ihre Angehörigen schon gefunden und sie über ihre Rückkehr informiert hat. Sie werden bald abgeholt werden, die Glücklichen.

Das Glück bleibt jedoch auch bei jenen aus. Das ersehnte Wiedersehen der Frau oder der Kinder, die ihre Kindheit ohne Vater erlebt haben, ist wie die Begegnung von Fremden. Vielleicht sind wir auch Fremde, die nur noch so aussehen wie die, die sie einst waren, oder noch nicht einmal mehr das. Was von uns übriggeblieben ist, soll jetzt zurück in ein Leben, das nichts mehr mit dem zu tun hat, woran wir uns erinnern. Zurück zu Frau und Kindern, die uns fremd sind. Wie soll das gehen, denke ich, wenn man sich selbst entfremdet hat, nicht mehr fühlen kann, was und wer man ist. Wie soll man fühlen können, was erwartet wird von denen, die warteten, die hofften, den Sohn, den Mann, den Vater wieder in die Arme schließen zu können, den sie einmal kannten. Nur wenige erleben ihre Heimkehr als Glück.

Auf mich wartet niemand. Mein Bruder Willi ist tot, erfahre ich. Schon acht Jahre ist er tot. Mein kleiner Bruder. Flakschütze war er. Überlebt hat er den Krieg, hier in Berlin. Ein Krüppel mit gerade mal 18 Jahren, ohne Zukunft. Sein Leben aufgegeben hat er nicht. So schrieb er mir. Er wollte leben. Wofür, frage ich mich jetzt. Die Antwort kenne ich nicht. Ich kenne die Frage, aber nicht die Antwort. Der Tod kann die Erlösung sein, Erlösung von Schmerzen und Angst. Wenn er da ist, nimmt er sie mit, die Angst vor ihm. Es ist schwer, zu sterben ohne Angst. Ich habe nur wenige so sterben sehen. Die Angst vor dem Tod ist das Schlimmste. Die Angst. Es braucht Mut zu sterben. Mut braucht es. Wir hatten keinen. Töten kann man aus Angst, dafür braucht es keinen Mut, um einem anderen Menschen das Leben zu nehmen. Dafür reicht es, Angst zu haben. Angst. Man begegnet seiner eigenen Angst, wenn man jemanden tötet. Wenn man dem Tod Angesicht zu Angesicht begegnet, ihn sieht, in den Augen, die brechen und die Angst zurücklassen. Der Tod hat eine Fratze. Er ist abstoßend, der Tod. Er stößt uns ins Leben zurück, lässt uns daran klammern, an jedem dünnen Rest davon. Meine Antwort ist, dass ich nicht sterben will, aus Angst vor dem Tod, deshalb will ich leben, auch wenn ich keinen Grund mehr dafür finden kann.

Berlin, Mai 1956 – Erinnerungen von Johannes

Ich bin dein Vater, geliebter Sohn. Vater und Ehemann in diesem neuen Leben bin ich. Ich möchte dir sagen, wie ich fühle, weil ich nicht weiß, wohin mit diesen Gefühlen, die sich aufstauen in mir, wie eine Gewitterfront, die sich entladen möchte. Ich fühle Scham, ich fühle Schuld und unverdientes Glück. Was habe ich getan, um dich zu verdienen? Dich. Ich kann es nicht fassen, nicht in Worte, denn die Worte dafür finde ich nicht. Sie stecken fest im Hals. Nie sollst du erfahren, was wir erlebten, mein Sohn – nie! Unbelastet sollst du aufwachsen, in einer neuen Welt, in meinem neuen Leben. Ich werde schweigen, das Unaussprechliche nicht aussprechen, für mich behalten in meinem Inneren, in meinen Träumen. Für dich möchte ich ein neuer Mensch sein. Vater – Sohn. Nichts soll zwischen uns stehen, nichts. Du wirst behütet aufwachsen, ohne die Schrecken, die ich erlebte. In Frieden und Freiheit. Durch dich werde ich weiterleben – ich, Willi, Vater, Mutter leben in dir weiter. Du wirst in einer neuen Welt aufwachsen. Dein Vater war einst ein anderer, mein Sohn, ein Mensch, ein Soldat, ein Mörder, ein Gefangener. Das war lange vor deiner Zeit. So lange ist es her, dass es mir unwirklich erscheint in dieser neuen Welt, in der du geboren wurdest. Ich habe mich abgewandt von meinem alten Ich, möchte nur noch Vater und Ehemann sein. Es ist leicht, in dieser neuen Welt das Alte zu verdrängen. Keiner fragt danach, alle wissen es. Keiner möchte erinnert werden. Die neue Welt wird aufgebaut auf der alten Welt, die in Trümmern lag – innen und außen. Ich liege innerlich in Trümmern, doch außen baue ich mir ein Gerüst, sodass niemand, nicht einmal ich selbst, die Zerstörung sehen kann. Nur jene, die wissen, sehen sie. Nur jene, die wissen und sie sehen wollen. Ich bitte nicht um Vergebung, das wäre Heuchelei. Vergebung gibt es nicht von Gott für das, was wir taten. Gott kann uns nicht vergeben, weil wir es nicht tun. Ich kann die Vergangenheit abtrennen von mir, wie einen Arm, aber vergeben kann ich sie nicht. Ich liebe deine unschuldigen Augen, dein Lachen. Ich hoffe, du siehst die Schuld in meinen nicht, die Unwahrheit durchblicken lassen, wenn ich unachtsam bin und mein altes Ich mich übertölpelt, aus dem Inneren herausschreit, weil es sich nicht wegsperren lassen möchte. Gefangen in meinem Inneren ist Johannes, ein Junge wie du, der poltert und schreit, dass er ein Recht auf Leben hat, ein Recht auf sein Leben. Ich musste ihn wegsperren. Er durfte nicht bleiben. In meinem neuen Leben ist kein Platz für ihn. Ich sehne mich nach Wahrheit, so wie er innerlich schreit, sehne ich mich danach, mein Inneres zu befreien, doch das darf ich nicht. Die Lüge ist süß und leicht. So süß und leicht soll dein Leben sein. Dafür bin ich mein eigener Gefängniswärter, der die Wahrheit bewacht, die Trübsinn in dein Leben bringen muss, wenn sie freikommt. Ich bewache sie, solange ich kann. Das verspreche ich dir heute, mein geliebter Sohn.

Maikäfer, flieg.
Der Vater war im Krieg.
Die Mutter kommt aus Siebenbürgenland,
Siebenbürgenland ist abgebrannt.
Maikäfer, flieg.

Ungarn, 11. Juli 1942 – Erinnerungen von Elsa

Ich bin heute 12 Jahre alt. 12 Jahre. Ich heiße Elsa, nach der Großmutter, die aus Deutschland kam. Die Großmutter ist fort – alle sind fort, nur noch meine Mutter ist bei mir. Sie kann mir nicht helfen, meine Mamuschka. Sie holen mich in der Nacht aus der Baracke, die Wachmänner. Ich schreie nicht. Ich weiß, was passieren wird. Sie machen es mit allen Frauen und Mädchen. Ich bin jetzt 12. Ich habe mich davor gefürchtet. So sehr gefürchtet. Die Blicke gingen tagtäglich durch die Reihen der Frauen und glitten bis heute an mir vorbei. Meine Mutter wurde schon oft geholt in der Nacht. Heute Nacht darf sie schlafen. Ich bin dran. Ich schreie nicht.

Ungarn und Deutsches Reich, Herbst 1942 – Erinnerungen von Elsa

Ich bekomme ein Kind. Niemand darf es sehen, sagt Mutter. Wenn sie es sehen, töten sie mich. Es gibt keine schwangeren Frauen oder Mädchen im Lager. Darf es nicht geben, deshalb müssen sie weg. Die meisten verlieren ihre Kinder. Die älteren Frauen wissen, was zu tun ist, bevor es auffällt. Ich habe Angst. Nicht alle Mädchen und Frauen überlebten den Abbruch. Sie verbluteten. Noch sieht es keiner. Du musst es bald machen, sagen die Alten. Noch nicht, sagt meine Mutter. Sie betet inständig jede Nacht um Hilfe vom lieben Gott. Auch ich bete, obwohl ich keine Hoffnung habe, dass es helfen wird.

Meine Mutter liegt auf mir. Sie regt sich nicht mehr. Ihr Körper verdeckt den meinen. Wir sind bei der Heuernte, als wir die Flieger hören, viel zu spät, um Schutz zu suchen im nahegelegenen Waldstück. Sie fliegen tief und feuern auf uns. Meine Mutter wirft sich über mich. Mein Gesicht drückt sich in den Boden. Ich rieche frisches Heu. Ich höre Schreie. Sehen kann ich nichts. Jetzt ist es ruhig. Ich bleibe liegen unter meiner toten Mutter. Ich bleibe liegen. Wie lange, weiß ich nicht. Lange liege ich und warte, dass sie von mir weggezogen wird. Ich weine nicht. Ich bin ganz still.

Ich höre ein Auto. Wachleute laufen über das Feld, treiben ein paar Frauen aus dem Waldstück zurück ins Lager. Dann ist Ruhe. Es wird dämmrig und kühl. Ich hebe vorsichtig mein Gesicht vom Boden und schaue. Ich sehe in der Dämmerung nicht viel. Kein Licht. Sie lassen uns liegen, denke ich, lassen uns liegen. Ich krieche unter meiner Mutter hervor, bleibe dicht am Boden. Ich kann ihr Gesicht nicht sehen, nicht mehr erkennen in der Dunkelheit. Ich krieche auf dem Bauch in den Wald.

Es ist dunkel, aber ich laufe weiter, auch wenn ich nicht weiß, wohin. Ich lasse mich leiten von meinem Gefühl, folge einem Bachlauf und laufe. Fort von hier. Ich bleibe im Wald, solange ich kann. Verstecke mich bei Tag und laufe in der Nacht. Ich esse, was ich finden kann. Ich weiß nicht, wie weit ich schon gelaufen bin, wo ich bin. Ich höre Stimmen und verstecke mich. Zu spät. Sie haben mich gehört. Es sind Frauen, die nach Holz suchen. Sie haben mich gesehen. „Erika!", höre ich die eine rufen. „Lore, komm, hier ist jemand!", ruft die andere. Dann schiebt sie das Gebüsch beiseite, hinter dem ich hocke. Sie schaut mich an und ich weiß im selben Moment, dass der liebe Gott mein Gebet erhört hat.

Deutsches Reich 1942/43 – Erinnerungen von Elsa

Erika und Leonore sind meine gottgesandten Engel der Gnade. Sie nehmen mich mit auf ihren Gutshof, geben mich aus als ihre

Nichte, die aus der Stadt evakuiert wurde, vor ihren Knechten und Mägden. Der Bauer, Leonores Mann, ist im Krieg an der Ostfront. Sie bangen um ihn, denn der Winter ist hart und die Schlacht verloren. Beide Frauen sind herzensgute Menschen. Sie fragen nicht viel, geben mir Kleidung, Essen, ein warmes Bett. Oh, mein Gott, wie lange habe ich nicht mehr in einem Bett geschlafen! Ich freue mich und schäme mich sogleich, als ich an meine Mutter denke, die nie mehr in einem Bett schlafen wird. Ich verdränge die trüben Gedanken bei Tage. In der Nacht finden sie mich in meinen Träumen wieder, die Bilder, die Schreie, das Blut der Frauen und Mädchen, das die Erde tränkt, bis sie rot ist. Ich soll leben, so hat es der liebe Gott beschlossen. Meine Mutter gab das ihre für meins. Ich werde leben und ich werde tapfer sein, für sie und all die anderen, die es nicht mehr können.

Das Frühjahr ist angebrochen. Leonore hat immer noch keine Nachricht von ihrem Adalbert. Sie hofft, dass er lebt. Wenn Post kommt, wird sie immer ganz still und bleich. Sie hat Angst vor dem Brief, in dem steht, dass er gefallen ist. Sie haben nicht viel voneinander gehabt, erzählt sie. Kurz nach der Hochzeit wurde er eingezogen. Jetzt bewirtschaftet sie den Hof alleine mit ihrer Schwägerin Erika und den alten Knechten und Mägden. Es geht schon, sagt sie. Wir haben zu essen und ein Dach über dem Kopf. Anderen geht es deutlich schlechter als uns. Ich helfe auf dem Hof, so gut ich kann. Doch lange wird es nicht mehr gehen. Mein Bauch wird zusehends größer. Die beiden haben nicht gefragt, was passiert ist. Sie haben nur stillschweigend genickt, als sie es bemerkt haben. Ich bin dankbar. In den Gottesdienst kann ich jetzt nicht mehr mit, sagen sie. Das fällt auf. Wir müssen auf der Hut sein vor den Braunen im Dorf. Der Hof liegt außerhalb, zwischen Weiden und Feldern, da verirrt sich niemand aus Versehen hin. Hier fühle ich mich sicher.

Es ist Sommer geworden. Kurz vor der Niederkunft bringen sie mich weg. Bei Nacht. Sie bringen mich ins Dorf zu einer Hebamme. Sie ist Erikas Schulfreundin und weiß Bescheid. Das Kind muss weg. Ich kann es nicht behalten. Ich will es nicht behalten. Die Geburt ist schmerzhaft. Die Hebamme ist freundlich. Sie hilft mir. Auch Erika bleibt dabei und hilft mir. Es ist ein Junge. Ich sehe ihn nur kurz, dann bringt sie ihn fort. Sie weiß schon. Sie hat ein gutes Zuhause für ihn, sagt sie. Eine Frau aus dem Dorf wird ihn nehmen. Sie hatte eine Fehlgeburt vor ein paar Wochen. Sie wird ihn annehmen als ihr Kind. Ihr Mann wird es nicht merken. Der ist im Krieg.

Zehn Monate bin ich nun schon auf dem Hof. Mein Deutsch ist inzwischen fließend, mit österreichischem Akzent, sagen die beiden. Es gibt endlich Nachrichten von Adalbert. Er wurde verwundet und wird heimgeschickt. Für mich bedeutet das, Abschied nehmen von meinen Engeln. Ich muss fort, bevor er wiederkommt. Die beiden schreiben einer Kusine, die in Hamburg lebt. Sie hat eine Schneiderei. Die beiden bitten sie, mich als Lehrmädchen zu nehmen.

Heute reise ich nach Hamburg. Henriette hat zugesagt. Ich werde eine richtige Schneiderin! Ich bin sehr glücklich. Erika und Lore haben mir einen kleinen Koffer gepackt, mit Kleidung für mich, Wurst, Brot und Eingemachtem für Henriette. Sie haben den Pfarrer gebeten, mir eine Geburtsurkunde auszustellen. Der Pfarrer fragt nicht, er tut es. Ich habe jetzt einen deutschen Nachnamen. Es ist sicherer so. Der Abschied fällt schwer. Ich bleibe mein Leben lang mit euch verbunden, in Dankbarkeit und Liebe.

Die Zugfahrt ist aufregend. Ich bin noch nie zuvor mit dem Zug gereist. Es dauert eine Ewigkeit. Oft muss der Zug halten. Unterwegs sehe ich viele zerstörte Städte. Teile Hamburgs liegen ebenfalls in Trümmern, doch der Hauptbahnhof ist fast unversehrt. Henriette holt mich ab. Sie streckt mir die Hand entgegen und sagt, ich solle sie Jette nennen. Sie ist Witwe. Ihr Mann starb schon vor zwei Jahren. Sie führt ihr Geschäft mitten in Hamburg. Eine gute Lage ist das, sagt sie. Ich weiß zu meinem Glück noch nicht, dass dieses neue Leben als Lehrmädchen nur genau 9 Tage dauern wird.

Hamburg 1943 – Erinnerungen von Elsa

Die letzten 9 Tage waren wunderschön. Jette ist lieb und hat viel Geduld mit mir. Sie sagt, ich bin geschickt mit den Händen. Das freut mich. Meine Mutter lächelt stolz in meinem Inneren. Jette ist Damenschneiderin. „Schneider werden immer gebraucht", sagt sie, „Krieg hin oder her." Sie hat Humor. Ich schlafe im Zimmer ihres Sohnes, der auch im Krieg ist, aber noch lebt. Er schreibt ihr regelmäßig Feldpostkarten. „Er ist nicht an der Ostfront. Er hat mehr Glück, als so mancher andere", meint Jette. „Er ist in Afrika und kämpft dort." Ich verstehe nicht, wieso irgendwer in Afrika kämpft für das Deutsche Reich. Jette sagt, weil der Hitler die ganze Welt erobern möchte. „Was macht er dann damit, mit der ganzen Welt, wenn er sie erobert hat?", frage ich Jette. „Gott möge verhindern, dass wir jemals erleben müssen, was er damit macht", antwortet sie und bekreuzigt sich. Sie spricht nicht gerne darüber. Man verplappert sich leicht. Es ist gefährlich, eine Meinung zu haben in dieser Zeit. Mein Bruder hat mal gesagt, dass niemand einen Krieg gewinnen kann, erzähle ich ihr. „Ein schlauer Bursche, dein Bruder", sagt sie. „Wo ist er?" „Ich weiß es nicht", antworte ich. „Wir wurden getrennt voneinander. Meine Mutter sagte mir, er wurde nach Deutschland gebracht, um dort zu arbeiten." Jette hält kurz inne, ihr Blick braucht keine Worte. Stattdessen wiederholt sie: „Ein schlauer Bursche, dein Bruder ..." „Vadim ist sein Name", sage ich. „Vadim", wiederholt sie und lächelt.

In der Nacht endet alles. Jette reißt mich aus dem Bett. „Schnell, schnell Kindchen, wir müssen hier raus! Die Sirenen heulen!", ruft sie. Ich ziehe mir schnell etwas über, dann rennen wir runter, hinaus auf die Straße. Hunderte von Menschen rennen in die Keller und Bunker. Jette zieht mich in den Keller. Die Erde bebt von den Einschlägen der Bomben. Es ist ganz nah. Ganz nah bei uns. Ich habe Angst. Jette drückt mich an sich. Das Haus wird getroffen. Es brennt. Wir rennen raus auf die Straße. Ein Flammenmeer. Überall brennen die Häuser und die Einschläge lassen nicht nach. Immer wieder detonieren neue Bomben. Die Menschen rennen panisch durcheinander. Wohin? Sie strömen in Richtung der Bunker, werden getroffen, bleiben liegen, stolpern über Trümmer und Leichen. Die Bunker sind zu voll. Kein Platz mehr. Trümmer liegen auch davor. Kein Entrinnen. Es brennt überall, dichter Rauch verhindert das Atmen. „Komm", schreit Jette, „Komm!" Sie zieht mich zum Kanal. „Komm, ins Wasser", schreit sie. Es ist so laut, ich verstehe sie kaum. Ein paar Menschen sind schon im Wasser, als wir hineinspringen.

Erst in den Morgenstunden hören sie auf, Bomben abzuwerfen. Hamburg brennt. Jetzt verstehe ich, was Vadim meinte, als er sagte, dass niemand einen Krieg gewinnen kann. Überall Tote, Schwerverletzte, schreiende, wimmernde Menschen um uns herum. Die Stadt existiert nicht mehr. Ausgelöscht in einer Nacht. Das Ausmaß der Zerstörung können wir nur ahnen, anhand dessen, was wir unmittelbar mit eigenen Augen sehen. Es ist unaussprechlich. Erst, als die Flammen nachlassen, trauen sich die Menschen aus dem Wasser. Sie irren durch die Trümmer, um zu finden, was vor wenigen Stunden noch da war. Unser Haus ist zerstört. Alles ist weg. Wir folgen denen, die wissen, wo es langgeht. Es tauchen Helfer und Retter auf, die uns rausschaffen aus den immer noch brennenden Ruinen.

Wir werden in Notquartieren untergebracht, bekommen Suppe und warme Decken. Nach einiger Zeit auch Kleidung aus Spenden. Unsere Personalien werden aufgenommen, Listen werden erstellt, um zu sehen, wer noch lebt und wer vermisst oder tot ist. Die Geburtsurkunde habe ich gerettet. Sie ist nass geworden und die Tinte ist ein wenig verlaufen, aber sie ist noch lesbar. Lore und Erika haben mir eingeschärft, diese Urkunde immer dabei zu haben. „Sie ist deine Lebensversicherung", haben sie gesagt. Ich trage sie seitdem in meiner Unterwäsche.

Deutschland, Mai 1945 – Erinnerungen
der Wegschauer

Der Krieg hat viele Gesichter. Die Gesichter der Opfer, die der Täter und unsere, die der Wegschauer.

Wir Wegschauer haben nicht gesehen, was passierte vor unseren Augen, haben nicht gehört, was geredet wurde unweit unserer Ohren, sind nicht dabei gewesen, als es passierte vor unseren Häusern, auf unseren Straßen, in unserer Nachbarschaft. Wir Wegschauer haben dem Krieg die Türen weit geöffnet, sind zur Seite getreten und nicht in den Weg. Wir Wegschauer sind unschuldig geblieben, durch unser Wegschauen. Wir haben nichts getan. Nichts. Unsere Kinder klagen uns zu Unrecht an. Sie stellen Fragen, die unbeantwortet bleiben müssen. Klare Täter, klare Opfer hinterlassen Spuren. Unklare Wegschauer haben keine Konturen, hinterlassen keine Spuren. Gefangen in der Angst sind wir, die Wegschauer, gefangen in der Wut, im Neid – das ausblendend, was geschah, um uns herum. Übertünchen die eigene Verantwortung mit der der Täter. Wo hört es auf, das Wegschauerdasein, wo beginnt die Täterschaft? Ein schmaler Grat, auf dem wir wandeln müssen. Untäterschaft lässt die Täter gewähren, spornt sie an, auch ohne Beifall aus der Jubel heuchelnden Menge. Wir beten zu Gott, wir unsichtbaren: Lass es wahr sein, lieber Gott, lass es wahr sein! Wir müssen daran glauben, dass es wahr ist, denn wenn es eine Lüge ist, sind wir schuldig an den Verbrechen gegen unsere Nächsten und die Welt. Lass es wahr sein, lieber Gott. Es muss die Wahrheit sein. Es muss. Niemand kann so viel Hass und Leid erzeugen aufgrund von Lügen. Alle machen mit, alle schreien „Heil!". Es muss wahr sein. Die Begeisterung ist echt, ist nicht gespielt. Die Zeitungen schreiben darüber, das Radio berichtet. Es kann nicht alles Lüge sein. Lieber Gott, ich habe meine Nachbarn verraten, meine Freunde, im Glauben an die Wahrheit, die keine ist. Gut getarnte Lüge, aufgebaut auf Hass und Neid. Die Wut ist unsere, gegen uns selbst gerichtete Wut. Entladen auf diejenigen, die unschuldig sind. Unschuldig! Niemand kann unschuldig sein, der so verurteilt wird. Jesus Christus. Was hätten wir tun können? Diejenigen, die den Mut hatten, wurden getötet. Diejenigen, die schwiegen und wegschauten, überlebten. Ist es nicht ein menschliches Bedürfnis, zu überleben? Das eigene Leben über das der anderen zu stellen? Lieber Gott, wenn du es zulässt, dass wir das tun, warum fühlen wir dann Schuld? Das Jüngste Gericht urteilt nicht über uns. Niemand urteilt über uns. Niemand gibt uns Schuld. Und doch fühlen wir sie. Sie lastet schwer auf uns, lässt uns schweigen, lässt uns wegschauen, trennt uns von der Liebe zu uns selbst. Niemand darf urteilen, der nicht dabei war! Wer kann sagen, was er getan hätte, ohne es erlebt zu haben! Es ist nicht unsere Schuld, dass wir wegsahen, weggingen, die Türen verschlossen, die Menschen verrieten, bevor wir selbst verraten wurden. Judas hat dich verraten, Jesus, doch getötet hat er dich nicht. Wir haben nicht gemordet, wir haben nichts mit eigenen Händen getan. Die Täter waren es. Die Täter. Auf die müsst ihr schauen, Kinder, wenn ihr Schuld zu verteilen sucht, auf die Schultern derer, die den Krieg erlebten. Wir sind keine Täter, wir sind der Lüge aufgesessen, die jene in die Welt setzten. Wie hätten wir die Lüge erkennen können? Sie war gut, die Lüge, glaubhaft war sie und süß, wie die Rache an denen, die uns geknebelt und ausgeblutet haben, nach dem ersten großen Krieg. Wenn es wahr ist, wenn es wahr ist und keine Lüge, dann haben wir recht getan, es zuzulassen. Recht getan, den Weg zu bereiten für die, die Ordnung schafften, die Rache übten, die Gerechtigkeit herstellten. Jawohl! Aus tiefster Überzeugung. Es ist wahr und keine Lüge, es ist wahr. Es muss wahr sein, sonst sind wir schuldig. Wir wollen die Schuld nicht tragen. Niemand will schuldig sein. Wir wollen keine Verantwortung übernehmen für all das Leid. Niemand von uns. Also geben wir sie weiter, die Schuld, die Verantwortung. Wir geben sie weiter an die anderen, an die Täter, an die Verführer, obwohl wir wissen, dass es unsere ist, dass sie uns gehört, aus unserem tiefsten Inneren entspringt. Lieber Gott, vergib uns unsere Schuld, die wir uns selbst nicht vergeben können. Trag du die Schuld für uns und die Verantwortung, denn deine Schultern können sie tragen. Wir legen sie in deine Hände, auf dass du jenen vergibst, die in Wahrheit schuldig sind. Dein Wille geschehe. Amen!

Deutschland nach dem Krieg – Erinnerungen der Wegschauer

Viele haben weggeschaut, wie wir. Viele. Wollten das Offensichtliche nicht sehen. Wir konnten nicht anders. Konnten nicht. Hatten nicht den Mut, aus der Masse hervorzutreten, denen entgegenzutreten, die zur Vernichtung, zur Auslöschung eines ganzen Volkes aufriefen. Hatten nicht den Mut. Sahen blind dem ins Auge, was kommen musste, was sich schon früh am Horizont zeigte. Sehr früh. Es war überdeutlich, niemand log, gerade heraus sagten sie, was sie vorhatten, die Vernichtung der Juden, die Auslöschung des ganzen jüdischen Volkes. Schon früh sagten sie es und logen nicht. Das war das Ziel. Es war die Zeit. Rassismus gab es überall auf der Welt. Hier waren es die Juden, dort waren es die Urvölker, die ehemaligen Sklavenvölker, die es zu entrechten und zu vernichten galt. Es ist menschlich. Es gehört zu unserer Natur, andere zu überwältigen, zu töten, uns ihrer zu bemächtigen. Wir sind Menschen – alle – die Opfer, die Täter und wir Wegschauer. Alle. Die Mutigen werden zu Opfern, die Ängstlichen zu Tätern. Hängen die Mutigen weniger an ihrem Leben als die Ängstlichen und wir Wegschauer? Nein. Nein, das tun sie nicht. Sie lieben ihr Leben. Lieben es. Jene, die töten, wir, die wegschauen, wenn andere getötet werden, tun dies nicht aus Liebe zum eigenen Leben. Nicht aus Liebe zum Leben. Wir richten die Waffen gegen uns selbst, schauen weg von unserem Leben, töten es. Die Angst ist lebensfremd. Es braucht Mut zum Leben. Mut. Angst flüchtet vor sich selbst. Flüchtet vor dem Leben, anstatt hin zu ihm. Aus Angst erwächst neue Wut. Wut gegen unser Leben, weil wir wegschauten, töteten durch eigene oder fremde Hand. Wut erwächst aus der Angst, selbst so zu sein wie jene, die töteten. Selbst so zu sein. Ohne Mut. Wut schlägt um, in Hass auf jene, die uns zeigen, dass wir selbst Wegschauer sind. Selbst töten all jene, die uns zu dem machen, was wir sind. Die uns zeigen, wer wir sind, im Umgang mit ihnen. Da zeigt es sich. Rausschreien möchten wir unser Unvermögen, mutig zu sein! Rausschreien, bis das Leben entwichen ist. Töten oder selber sterben, das ist der Weg durch die Wut, die aus der Angst erwächst. Oder wegschauen, nicht in der Wahrheit, sondern im Trugbild verhaftet sein, in einer Welt, die so nicht existiert. Nie existierte. Es gab sie nie, die heile Welt. Es gab sie nie. Keiner der Retter, der Führer oder Helden vermochte eine heile Welt zu erschaffen durch Gewalt, Angst und Unterdrückung. Eine Welt kann nicht in Teilen heil sein und in anderen unheil. Es gibt nur die eine Welt als Ganzes. Kein Krug kann nur zum Teil heil sein. Kein Mensch kann es. Es gibt nur die eine Welt, auf der wir leben. Nur diese eine Welt und nur dieses eine Leben, das wir alle teilen. Töten wir Teile davon, töten wir Teile unseres Ganzen. Es ist, als ob wir sagten, unser liebstes Organ ist das Herz und dieses pflegen wir. Alle anderen Organe sind ungeliebt und können vergehen. Warum erschufen wir das Jüngste Gericht, einen richtenden Gott, wenn wir seinen Regeln nicht folgen wollen? Wenn wir die Regeln brechen, die wir selbst uns gaben. Du sollst nicht töten. Das Leben ist heilig, alles Leben ist heilig. Alles – Eins. Wir selbst sind eins. Schauen wir auf andere Menschen, erblicken wir unser Selbst. Töten wir andere Menschen, sterben wir mit ihnen. Die Kriege haben uns alle getötet. Alle, die Täter, die Wegschauer, wie die Opfer. Der traurige Rest von uns baute auf den Trümmern des Todes eine heile Welt des Truges und verkauft sie den nachfolgenden Generationen als wahr. Um Wahrhaftigkeit aufzubauen, die Welt der Menschen zu heilen, müssen die Toten geheilt werden. Wir warten, bis es jemand tut. Die Opfer, die Täter und wir Wegschauer. Wir warten. Lange schon, noch immer, bis wir geheilt werden.

Valhalla

Valhalla wurde erschaffen von jenen, deren Schmerz, deren An-
bindung zu groß, zu stark war, um loszulassen von ihrer körperlichen Existenz. Ein Zwischenraum für die Toten – ohne Zeit,
ohne Erleben. Wie Hologramme ihrer irdischen Existenz *leben*
sie weiter in Valhalla, unversehrt, geschützt, ohne Schmerzen,
ohne Leid. Das haben sie auf der Erde zurücklassen müssen. Das
blieb dort. Zu schwer das Gepäck für Valhalla. Es ist Frieden in
Valhalla. Keine Bedürfnisse existieren hier. Die Toten warten,
bis sie zusammengeführt werden.

Berlin, 14. April 1946 – Erinnerungen von Vadim

Ich erkenne Anna-Maria in dem lachenden Gesicht. Sie streckt
mir ihre Hand entgegen. „Herzlichen Glückwunsch zu deinem
Geburtstag, Vadim!", sagt sie. „Danke!", sage ich und ergreife
wie von selbst ihre Hand. Mein Geburtstag ist bedeutungslos
für mich, aber dass Anna-Maria daran gedacht hat, erfüllt mich
tatsächlich mit dankbarer Freude.
    Anna-Maria ist Halb-Jüdin. Sie hat den Krieg in Deutsch-
land überlebt, weil es Menschen gab, die sie und ihre Familie
versteckten. Sie verbrachte die letzten Jahre bis zum Kriegsende auf dem Dachboden in einer Kammer, die mal eine Räucher-
kammer war und lange unbenutzt. Der Dachboden war voll von
Gerümpel, die Kammer vergessen und unsichtbar. Drei Jahre
lebten sie zu fünft in dieser Kammer. Ihre Eltern, ihre Tante,
ihr kleiner Bruder und sie. Sie spricht nicht gerne darüber, wie
es war, dort eingesperrt zu sein. Ich frage nicht. Sie fragt mich
nicht. Ihre Familie lebt jetzt in einem Auffanglager. Sie warten
schon bald ein Jahr auf ihre Ausreiseerlaubnis nach Israel. Anna-Maria lebt gerne. Sie liebt es, zu singen und zu tanzen. Bei
der Arbeit singt sie ständig hebräische Lieder, die schön klingen,
auch wenn ich sie nicht verstehe. Es ist ihr egal, *was* sie tut – sie

liebt es *zu sein*. Ihr Lachen lässt alle meine traurigen Gedanken verfliegen. Sie steckt mich an mit ihrer Lebenslust, reißt mich aus meinen Erinnerungen zurück ins Jetzt.

„Das ist Willi", sagt Anna-Maria an mich gewandt auf einen jungen Mann schauend, der an Krücken neben ihr steht. Er ist jünger als ich, doch wirkt er wesentlich älter, durch seine Versehrtheit. Ihm fehlen sein rechtes Bein und sein rechtes Auge. „Willi, das ist Vadim. Er hat heute Geburtstag!" Willi lächelt und streckt mir seine Hand entgegen. „Herzlichen Glückwunsch!", sagt er und meint es auch so. „Willi ist auch ein Übriggebliebener, wie du", sagt Anna-Maria. Übriggebliebene, nennt sie all jene, die keine Familie mehr haben. Sie hat mir schon ein paar vorgestellt, weil sie der Meinung ist, dass ein ähnliches Schicksal verbindet und es wichtig ist, verbunden zu sein, wenn man alleine ist. Wobei sie immer sagt, dass niemand wirklich alleine sein kann, solange es Menschen gibt, die ihn mögen. Wenn sie das sagt – und sie sagt es oft, zwinkert sie mir immer zu. „Ich heiße nach seiner Mutter, Maria. Sie war meine Taufpatin und die beste Freundin meiner Tante Christel. Sie war es, die uns versteckte. Sie, Willis Vater Hans und Onkel Heinrich, Christels Mann", erklärt sie strahlend und unterstreicht ihre Worte mit tanzenden Schritten um Willi herum.

„Freut mich, dich kennenzulernen", sagt Willi. Ich mag ihn. Er wirkt so entschlossen, steht fester auf dem Boden mit einem Bein als ich mit beiden. Er erinnert mich an Karol. Willi ist Kriegsversehrter, obwohl er nie wirklich Soldat war. Er war Flakhelfer. Sein Bruder Johannes ist in russischer Gefangenschaft. Er schreibt ihm. Seine Eltern haben den Krieg beide nicht überlebt, erfahre ich, mehr von Anna-Maria, als von Willi selbst, der eher schweigsam danebensteht und den Schwall der Worte verfolgt, die aus Anna-Marias Mund hervorsprudeln. „Dann bist du kein wirklich *Übriggebliebener*", sage ich zu Willi. „*Du* ja auch nicht!", erwidert Anna-Maria an seiner Stelle. „Womit ihr noch etwas gemeinsam habt", fügt sie lachend hinzu und tanzt um uns herum.

Berlin, Mai 1946 – Erinnerungen von Vadim

Anna-Maria und Willi wollen mir helfen, meine Familie wiederzufinden. Sie sagen, dass es Suchdienste für vermisste Personen gibt. Ich bin wenig überzeugt von der Sinnhaftigkeit einer solchen Suche. Wo soll ich suchen? Meine Mutter und meine Schwester habe ich zuletzt 1940 im ungarischen Arbeitslager gesehen. Wohin mein Vater verschleppt wurde, weiß ich nicht. Ich möchte sie nicht suchen, möchte nicht die Gewissheit haben, dass sie tot sind. In meinen Erinnerungen leben sie, sind nicht gealtert. In meinen Erinnerungen von vor der Zeit. Die beiden meinen, dass ich Gewissheit brauche, um weiterleben zu können. Ich würde festsitzen in meinen Erinnerungen, die mich vom Leben fernhalten. Sie haben recht, das fühle ich tief drinnen und schäme mich für meine Angst vor der Wahrheit, für mein Festhalten an der Vergangenheit, die unwiederbringlich vorbei ist. Willi dagegen ist so mutig, so lebensfroh – trotz allem, was er erlebte.

Der Suchdienst des DRK lässt meine Zweifel wachsen. „Wenig aussichtsreich bis unmöglich", lautet die Antwort auf meine Anfrage. So viele werden vermisst, so unendlich viele werden gesucht, so wenige werden tatsächlich gefunden. Zu viele Tote wurden nie identifiziert. Besonders in den Arbeitslagern wurden kurz vor dem Kriegsende die Listen der Inhaftierten vernichtet, um keine Spuren zu hinterlassen. Das war nicht nur in Deutschland so. Auch in den Arbeitslagern in Polen, Ungarn oder Rumänien wurden frühzeitig alle Beweise für deren Existenz vernichtet, die Inhaftierten getötet, fortgebracht oder sich selbst überlassen. „Wir nehmen ihre Suche auf", fügt man freundlich, aber resigniert hinzu. Viel Hoffnung auf Erfolg soll ich mir nicht machen. Ich suche meine Eltern und meine Schwester anhand ihrer Namen, ihres Geburtsdatums, ihres Wohnortes, von dem sie vertrieben wurden. „Wenn Sie ebenfalls gesucht werden, besteht eine geringe Chance, dass wir eine Übereinstimmung in unseren Suchregistern finden", sagt man mir noch. „Wenn ich ebenfalls gesucht werde ...", wiederhole ich in Gedanken.

Potsdam, 11. August 1946 – Erinnerungen von Vadim

Das DRK in Potsdam hat eine Übereinstimmung mit meiner Suche gemeldet! Anna-Maria wedelt mit dem Brief in der Luft vor meinem Gesicht. Ich wohne inzwischen seit zwei Monaten in demselben Auffanglager, damit ich eine Adresse habe. „Sie brauchen eine feste Adresse, sonst kann Sie niemand finden", haben sie gesagt. Willi ist im Hospital. Es geht ihm nicht gut. Er hat Blutarmut, was immer das auch heißt. Er bekommt eine Blutspende, dann geht es ihm besser, sagt er. Ich mache mir Sorgen. Er sah sehr schlecht aus in den letzten Wochen. Meine Gedanken sammeln sich wieder. Anna-Maria starrt mich erwartungsvoll an. „Hast du nicht gehört, Vadim? Jemand sucht dich!", ruft sie. Ja, ich habe es gehört. Es klingt unwirklich, aber da steht es schwarz auf weiß. Ich soll mich bitte melden in der Suchdienststelle Potsdam. Sie hätten eine Suchanfrage nach mir vorliegen. Wer mich sucht, steht nicht in dem Schreiben. Das würde ich erfahren, wenn sie meine Identität festgestellt hätten, steht da. „Meine Identität ...", wiederhole ich laut. Ich habe nur die Registrierungsbescheinigung vom Auffanglager! Niemand hat mehr eine Identität, wenn er im KZ war. Eine eintätowierte Nummer ist meine Identität, denke ich. „Die Bescheinigung wird reichen, Vadim", sagt Anna-Maria aufmunternd zu mir. Sie strahlt wie immer Zuversicht und Lebensfreude aus. „Komm schon, komm!", ruft sie und zieht mich hinter sich her zur Verwaltung des Auffanglagers.

„Die Suchanfrage liegt seit etwa einem Jahr vor", sagt die Mitarbeiterin des DRK. „Gleich nach Ende des Krieges muss Ihre Schwester ..." Den Rest des Satzes höre ich nicht mehr. Meine Ohren rauschen, mir wird schwarz vor Augen, ich falle. Ich liege auf einer Pritsche, meine Füße wurden hochgelegt auf eine Rolle aus Decken. Der kleine Raum ist still, doch ich höre emsige Schritte auf dem Gang und Stimmen. Die Türe öffnet sich. Eine Schwester mit Haube schaut hinein. „Er ist wieder wach!", ruft sie nach hinten und kommt auf mich zu. „Sie waren ohnmächtig", sagt sie zu mir und lächelt warm. Sie fühlt meinen Puls und misst meinen Blutdruck. „In Ordnung", sagt sie, „setzen Sie sich langsam auf und trinken Sie erst einmal ein Glas Wasser!" Sie reicht es mir, als ich sitze. Anna-Maria kommt in den Raum. Sie sieht besorgt aus, aber das verfliegt sogleich wieder und macht einem aufmunternden Lachen Platz. „Vadim!", sagt sie und schüttelt den Kopf. „Gleich umfallen, was bist du für ein Kerl!", foppt sie mich. „Ihre Schwester ...", fällt mir wieder ein. Elsa, meine kleine Schwester, denke ich und sehe die Neunjährige an der Hand meiner Mutter vor mir stehen.

„Ihre Schwester Elsa sucht sie seit etwa einem Jahr. Gleich nach Kriegsende hat sie in Hamburg eine Suchanfrage gestellt." Elsa, geht es mir durch den Kopf, muss inzwischen 16 Jahre alt sein. Kann sie das sein? Aber die Suchanfrage ist eindeutig. Das bin ich. Das bin ich. Das ist sie, meine Schwester, die *mich* sucht. Langsam realisiere ich, dass ich nicht träume. „Wo ist sie?", will ich fragen, doch kommt es nicht über meine Lippen. „Die Suchanfrage kam aus Hamburg, wo sich Ihre Schwester derzeit aufhält, ist uns nicht bekannt. Sie hat aber eine Adresse in Hamburg als Kontaktadresse hinterlegt. Bei einer Frau Henriette Boisen. Eine Telefonnummer steht auch dabei. Wollen Sie selbst, oder sollen wir mit Frau Boisen Kontakt aufnehmen?" „Ich mache es selbst", antworte ich fast tonlos. Sie reicht mir die Kontaktdaten und wünscht mir alles Gute. Im nächsten Moment stehe ich mit Anna-Maria wieder draußen vor dem Gebäude, in dem die Suchstelle untergebracht ist.

„Damenschneiderei Boisen, wie kann ich Ihnen behilflich sein?", meldet sich eine junge weibliche Stimme. Ich stehe im Verwaltungsbüro des Auffanglagers und umklammere den Telefonhörer. Es ist ihre Stimme! Es ist *ihre* Stimme! „Elsa?", frage ich zögerlich. „Vadi?", antwortet es aus dem Hörer. „Vadi???" „Bist du es?" „Ja, ich bin es. Ich bin es!" Wir schweigen, sind sprachlos, schluchzen beide, können nicht aufhören, unsere Namen zu nennen. Anna-Maria steht neben mir. Sie weint leise mit mir, steht ganz dicht bei mir, legt ihre Hand auf meine linke Schulter.

„Wo bist du, Vadi? Wo bist du?" „Ich bin in Berlin", antworte ich. „In Berlin bin ich!" Mein Kopf schwirrt mir vor Glück.

Ich bin überwältigt von Dankbarkeit. Lieber Gott, lieber Gott, meine Schwester *lebt*, das ist das einzige, was ich denken kann in diesen Augenblicken. „Vadi!", ruft sie immer wieder, „Vadi!".

Berlin, 23. August 1946 – Erinnerungen von Vadim

Heute ist der Tag. Heute ist der Tag, an dem ich meine Schwester wiedersehe. Ich kann nicht schlafen. Es ist fünf Uhr in der Früh. Ich liege wach und starre auf die Uhr, deren Zeiger nicht weitergehen will. Seit Stunden schon kriecht die Zeit, ohne vorbeigehen zu wollen. Ich stehe auf, ziehe mich an, verlasse das Gebäude, in dem die Unterkünfte sind. Noch fünf Stunden. Um 10:00 Uhr kommt ihr Zug! Fünf Stunden.

Ich stehe am Bahnsteig am Berliner Hauptbahnhof. Seit drei Stunden schon stehe ich hier und schaue auf die Züge, die kommen und gehen. Menschen ausspucken und aufnehmen. Immer wieder schaue ich auf den Zettel. Gleis 3, 10:00 Uhr. In der Ferne sehe ich den Zug nahen. Das muss er sein. Er hält. Ich schaue, ich suche. Da ist sie! Da ist sie! Ich winke, ich laufe auf sie zu. Sie sieht mich, winkt mir, läuft auf mich zu. Endlich. Wir fallen uns in die Arme. Ich bedecke ihr Gesicht mit Küssen. Sie weint. Elsa, meine kleine Schwester! Ich bin berauscht vom Glück, das über mich hereinbricht. Ich bin Vadim. Der große Bruder. Ich habe eine Schwester. Ich habe eine Schwester!!! Ich nehme sie an die Hand und führe sie zum Bus, mit dem wir ins Auffanglager zurückfahren. Anna-Maria und Willi erwarten uns.

Wir verbringen eine sehr intensive Woche zusammen in Berlin. Intensiv, weil die Zeit verfliegt und zugleich stillsteht, wenn wir reden und uns neu kennenlernen. Elsa erzählt mehr als ich. Ich höre zu und verstehe. Mutter ist tot, Vater ist vermisst. Es gibt nur noch uns. Es gibt uns. Sie möchte wissen, wie es mir erging, doch ich kann es nicht in Worte fassen. Zu schwer sind die Erinnerungen an die Zeit. Ich möchte sie nicht heraufholen, aus dem Vergessen. Ich möchte es nicht verunreinigen, unser reines Wiedersehen. Unser Glück besudeln, mit all dem Leid. So schweige ich und erzähle nur in Bruchstücken. Sie spürt meinen Schmerz und lässt mich schweigen. Schweigt mit mir.

Heute fährt sie wieder zurück nach Hamburg, doch sie will so schnell wie möglich nach Berlin kommen. Zu mir, um bei mir zu sein, um mit mir eine Familie zu sein. Ich bin ihr Bruder! Ich bin glücklich, dass ich lebe. Ich werde für sie da sein, ich werde für sie sorgen. Ich werde für sie leben. Für uns.

Berlin, Herbst 1946 – Erinnerungen von Vadim

Elsa schreibt mir jede Woche. Sie will zu mir kommen, sobald es geht. Sie will ihre Lehrzeit beenden. Die endet im Dezember – vorzeitig. Das regelt Frau Boisen für sie. Im Januar sind wir wieder eine Familie, Bruder und Schwester. Ich brauche Arbeit, ich brauche eine Wohnung. Wohnungen sind knapp in Berlin. Alle wollen wohnen, doch gibt es nicht genug. Arbeit gibt es genug. Ich arbeite auf dem Bau, schleppe Steine, lerne mauern. Die Arbeit ist hart, aber es macht mir nichts aus.

Ab nächstem Monat habe ich eine Stelle in Aussicht als Mechaniker. Anna-Marias Onkel Heinrich hat mir die Stelle besorgt. Ich werde lernen, Autos zu reparieren. Onkel Heinrich will uns auch eine Unterkunft besorgen. Er hat Beziehungen, sagt Anna-Maria. Ihre Eltern warten immer noch auf eine Einreisegenehmigung für Israel. Anna-Maria möchte bleiben. Sie will eine Ausbildung zur Krankenschwester beginnen. Ihre Eltern sind zwar unglücklich darüber, aber einverstanden, wenn sie bei Tante Christel und Onkel Heinrich bleibt.

Onkel Heinrich hat Wort gehalten. Ich bekomme ein Zimmer mit Waschgelegenheit zur Untermiete. Es ist nicht besonders schön und nicht groß, aber es ist unser Zuhause, und das alleine zählt. Onkel Heinrich besorgt auch ein paar alte Möbel und Hausrat. Jetzt ist es ein richtiges Zuhause. Frau Boisen schickt Wäsche. Elsa kommt bald. Ich bin glücklich.

Anna-Maria hat ihre Lehre begonnen. Im Rot-Kreuz-Hospital, in dem Willi frisches Blut bekommt. Sie schreibt sich mit

Elsa, beide sind im gleichen Alter. Sie verstanden sich auf Anhieb, als sie sich kennenlernten. Ich arbeite seit vier Wochen in der Werkstatt von Onkel Heinrichs Freund Gerhard Finke. Er ist zufrieden mit mir, sagt er und bietet mir eine Lehrstelle an. Ich sage mit Freuden zu! Jetzt wird alles gut werden.

Berlin, April 1947 – Erinnerungen von Johannes

Lieber Bruder!
Wenn dich diese Zeilen erreichen, und ich hoffe, sie tun es, bin ich nicht mehr auf Gottes Erden. Der Krieg ist vorbei – auf dem Papier – nicht für uns. Für uns wird er niemals enden. Was von uns bleibt, wenn wir gehen, fragte ich den Pastor eben. Die Erinnerungen, sagte er. Die Erinnerungen bleiben. Kein schöner Gedanke, antwortete ich ihm. Wer soll all die undenkbaren Gedanken, das Unfassbare erinnern? Die schönen Erinnerungen, die guten Gedanken, meinte er darauf, sind die, die bleiben. So hoffe ich, dass er recht hat und du dich erinnerst an mich, wie ich war, wer ich war und wer ich werden wollte, vor der Zeit, die uns trennte voneinander, in unserer Gesinnung, aber nie im Herzen. Ich erinnere dich als meinen großen Bruder, zu dem ich aufsah, auf den ich stolz war, der mutig und entschieden war, und ohne Angst für seine Überzeugung eintrat. In meinen letzten Tagen wird mir bewusst, dass es keine Täter, keine Opfer, keine Schuldigen und keine Unschuldigen gibt. Es gibt keine Schuld, keine Vergebung, auch nicht, wenn der Pastor anderer Meinung ist. In dieser Sache irrt er sich! Gott liebt alle Menschen gleichermaßen – allein wir Menschen lieben einander nicht so, wie Gott es vermag. Nun, er ist eben Gott und wir nur Menschen, die nicht einmal vermögen, sich selbst zu lieben, sich selbst zu vergeben, dass sie menschlich sind. Ich staune gerade selbst über meine Worte. Sie klingen nicht wie meine, wenn ich sie nochmals lese. Ich hoffe, du verstehst, was ich dir damit sagen will, und nimmst es mir nicht krumm, dass ich so altklug daherrede, was

eigentlich dein Vorrecht ist. Ich vermisse dich in den letzten Tagen mehr und mehr, seit ich weiß, dass wir uns nicht mehr wiedersehen werden. Nur eines noch: Lieber Johannes, mein großer Bruder, halt durch!

Dein (kleiner) Bruder Willi

P.S. Wundere dich nicht über die Handschrift. Es ist nicht meine. Anna-Maria schreibt für mich.

Berlin, November 1986 – Erinnerungen von Johannes

Lieber Bruder,
selbst nach all den Jahren verstehe ich die Zeilen nicht, die du mir schriebst in deinen letzten Tagen. Ich will sie nicht begreifen. Gott existiert für mich schon lange nicht mehr. Er starb in mir. Ich bin allein verantwortlich für mein Tun – ohne Vergebung von Gott zu erflehen, stehe ich zu dem, was ich aus tiefster Überzeugung getan habe. Der Führer war mein Gott, ihm folgte ich. Nicht blind und taub. Nicht getreu und gehorsam. Das ist eine Lüge. Die Tat auf Befehl, ohne eigene Verantwortung, ist feige – wahrhaft feige. Mir wird übel bei der Erinnerung an jene, die mordeten, ohne eigene Verantwortung. Das tat ich nie. Jeder Tote lastet auf mir, jeden Einzelnen trage ich auf meinen Schultern. Ich trage sie, ohne zu wissen wohin, ohne zu wissen, wie ich sie ablegen kann, in Würde, wie es ihnen zusteht. Meine Bürde ist es, ihre Würde zu erhalten, indem ich sie nicht liegen lasse im Staub des Vergessens, im braunen Schlamm der Verdrängung. Ich trage sie. Ich trage sie bis zum Ende meiner Tage. Lieber Willi, ich überlebte. Ich. Du schreibst es, dass es keine Schuld gibt, weil du sie nie fühltest, so wie ich. Das Leben endet, wenn du einem anderen Menschen das Leben wegnimmst. Dann nimmst du nicht nur seines, sondern auch das deine weg, im selben Moment. Ich habe es gespürt, wie es entwich aus meiner Seele,

aus meinem Herzen. Mein Sein endete in diesem Moment.
Mein leerer Körper überdauerte noch viele Jahre. Ich erschuf
einen Johannes, der eine Frau liebte, der seine Kinder lieb-
te und schützte. Doch kannte ich ihn nicht. Er war ein guter
Mensch, ein guter Ehemann und Vater, soweit ich es beurtei-
len kann. Er wäre dir auch ein guter Bruder gewesen, dessen
bin ich mir sicher. Sein Leben endet nun auch. Mit dem Tod
seiner Frau kann er es nicht mehr aufrechterhalten. Er muss
sich jetzt verabschieden aus dem Leben. Er folgt mir in den
Tod. Vielleicht sehen wir uns wieder auf der anderen Seite. Ich
gehe jetzt, ohne Angst und aus voller Überzeugung, das Rich-
tige zu tun – in dieser Hinsicht hast du recht gehabt.

Dein Bruder Johannes

Was bleibt

Was bleibt von mir, wenn ich tot bin?
Nichts bleibt. *Nichts.*
Dann gibt es nichts nach dem Ende meines Lebens?
Nichts *ist* das Ende.

TEIL 2

ERINNERUNGEN AN DAS, WAS BLEIBT

Berlin, 10. November 1989 – Erinnerungen von den Verborgenen

Heute *endete* der Krieg. Eigentlich schon in der Nacht. Von langer Hand geplant war es, das *Ende* des Krieges. Allein die fehlerhafte Ausführung war es, die das Ende auf sich warten ließ. Einen Krieg zu beenden mitten im *Frieden* ist kompliziert. Niemand kapituliert, niemand triumphiert. Lasst sie laufen, lasst sie laufen. Lasst sie laufen und ergebt euch *der Macht des Volkes*. Unabwendbar sollen sie es fühlen. Unausweichlich war er, der Fall der Mauer, die sie trennte von der Freiheit. Sie sind euphorisch, sie feiern ihren Sieg über die alten Machtstrukturen, die sie überwunden glauben. So soll es sein. So ist es geplant. Von langer Hand geplant. Freiheit ist das höchste Gut. Sie glauben es. Sie glauben, *frei* zu sein. Allein, nicht alle glauben. Die, die den Krieg erlebten, wissen, dass er niemals endet. Niemals. Der Mensch ist nicht geschaffen für den Frieden. Konflikte müssen ausgetragen werden. Der Kalte Krieg war zu kalt geworden. Zu *unerträglich* für die, die gerne mehr wollten. Es ließ sich kein Feuer mehr entfachen aus diesem Kalten Krieg. Es braucht Zunder für ein Feuer. Zunder sind sie, jene, die rüber laufen. Zunder sind sie für jene, die auf der richtigen Seite standen. Auf der *richtigen* Seite. Deutschland ist wiedervereint. Wieder *ein Volk* sind wir geworden über Nacht. Das ist die Wahrheit, die alle schlucken sollen. *Ein Volk*, wiedervereint durch die Liebe zur Freiheit. Eine bittere Pille, die geschluckt werden muss, von jenen, denen sie nicht schmeckt, diese *Wahrheit*. So ist es eben. Man muss Opfer bringen. Opfer für die Freiheit. Lasst sie feiern, die Helden der Freiheit. Lasst sie noch ein bisschen taumeln vor Glück. Sie fallen früh genug. Früh genug rennen sie gegen die Mauer, die sie nicht sehen konnten, hinter all dem Beton und Stacheldraht. Lasst ihnen die Euphorie. Euphorie ist nützlich. Sie betäubt die Sinne und lässt sie das wahrnehmen, was sie sehen und hören sollen. Noch ein wenig müssen wir warten, nicht zu lange – gerade lange genug, damit es nicht auffällt, dass es geplant war, von langer Hand.

Berlin, 10. November 1991 – Erinnerungen von Jakob

Ich heiße Jakob Wilhelm. Jakob nach dem heiligen Jakobus, der hingerichtet wurde, weil er seine Wahrheit aussprach. Wilhelm nach meinem Onkel, der kurz nach dem Krieg verstorben ist. Ich war 33 Jahre alt, als die Mauer fiel. Mein Vater erschoss sich 1986 mit seiner alten Wehrmachtspistole. Es kam für uns nicht überraschend, außer, dass er so lange damit wartete. Meine Mutter starb wenige Wochen vor ihm an Krebs, der ihrem Leben an der Seite meines Vaters ein jähes Ende setzte. Nicht, dass sie es nicht gewollt hätte. Der Krebs schlich sich in sie hinein und überraschte sie erst kurz vor ihrem Tod mit seiner Anwesenheit. Nur wenige Wochen blieben ihr, um sich vorzubereiten. Sie wollte unbeschwert in den Tod gehen. Nichts sollte bleiben, was uns Kinder belastet, weil es unausgesprochen bleiben würde. Nach Valhalla reist man mit leichtem Gepäck, erzählte sie uns immer wieder, als wir noch Kinder waren, die Geschichte ihrer Großeltern, ihrer Eltern, ihres Bruders, von dem Ort, an dem die Toten warten, bis ihre Erinnerungen durchlebt werden, ihre Seelen frei werden von gefangenen Gefühlen der Ohnmacht und Schuld. Deshalb muss man sich frei machen noch zu Lebzeiten, wenn man es kann, sagte sie immer, und entlockte uns Kindern damit so manches Verschwiegene, das unser Gewissen beschwerte. Unsere Mutter war gründlich mit dem Aufräumen und Ausmisten ihres Seelengepäcks. Sie schrieb es sich von der Seele in ihren letzten Wochen – ihr ganzes Leben, ihr Leiden, die Lügen, die Wut und die Angst, ihre Hoffnungen und Liebe.

Wir sollten es lesen nach ihrem Tod und dann verbrennen, um es loszulassen, bat sie uns, und das taten wir. Unser Vater war nur eine Randfigur in unserem Leben. Er war da und auch nicht. Er sprach nie über sein Erleben, seine Dämonen, die ihn verfolgten und nicht losließen. Unsere Mutter ließ ihn in seiner Welt und lebte mit uns in ihrer. Unsere Welt hinter den Mauern der Deutschen Demokratischen Republik. Jetzt ist sie weg, die Mauer. Jetzt ist sie unwahr, unsere Welt. Ein Trugbild war sie. Unecht, geschaffen als Versuchsfeld, als antifaschistischer Wall angeblich, antikapitalistisch, sozialistisch, Freiheit, Gleichheit, Brüderlichkeit! Alles Lüge für das Volk, das den Nektar der Selbstgerechtigkeit nur zu gerne schlürfte und sich mit fixen Augen ein Feindbild hinter der Mauer errichtete. Wie schön es war, so gemeinsam, Schulter an Schulter zu stehen, gegen den Feind im Westen. Freiheit? Gleichheit? Brüderlichkeit? Jetzt muss ich tatsächlich darüber lachen, dass wir so blöd waren, diese Ente zu schlucken. Mir laufen die Tränen über mein Gesicht vor lautem Lachen. Das tut gut, alles so herauszulachen. Das tut gut. Meinem Bruder Georg ist das Lachen vergangen. Als Oberstleutnant bei der Staatssicherheit hatte er nach der Wiedervereinigung wenig zu lachen. Sein Weltbild ging in die Brüche, wie die Mauer, die uns umgab. Einfach weg, futsch, das Weltbild. Keine Feinde mehr im Westen, nie dagewesen. Plötzlich alles Lüge, wofür er lebte, woran er glaubte. Weniger als Null blieb übrig. Eben noch Mitarbeiter eines Rechtsstaates, jetzt Verbrecher, Mittäter eines Unrechtsstaates. Das muss man erst mal verkraften. Da hatte ich mehr *Glück*. Ich hatte schon früh eine gewisse Westaffinität entwickelt. Nicht aus politischen, vielmehr aus kapitalistischen Gründen. Ich wollte schlichtweg *mehr,* als meine sozialistische Heimat mir zu geben bereit war. Dank meines gedienten Bruders konnte ich so manches antisozialistische Handeln gut vertuschen. Jetzt stehe ich hier in West-Berlin und schaue auf die Überreste *unserer* Mauer.

Die Mauer war ein Sinnbild für die Zerrissenheit unseres Volkes, Europas, der Welt – jedes einzelnen Menschen. Haben wir nicht alle eine Mauer in uns? Die Mauer außen war so vertraut, so wirklich, so wahr – *so wahr*! Viele würden sie am liebsten wieder hochziehen, die Mauer. Verrückt, aber so ist der Mensch. Eigentlich ist er gerne eingesperrt und schaut auf das, was er nicht haben kann, weil er eben eingesperrt ist. Das macht das Leben leicht – kein Handlungsspielraum – kein Handlungsbedarf. Für die westdeutsche Verwandtschaft war es auch bequemer, ab und zu mal ein Paket zu schicken, zu den armen Ostverwandten. Dass die dann plötzlich vor der Tür stehen, damit war ja nun nicht zu rechnen. Aber da standen sie nun und wollten haben, was die anderen schon lange hatten.

Wir sind ein Volk – oder doch nicht? Gilt das nicht für alle? Nein, das tut es wohl nicht. Schließlich leben wir hier nicht im Sozialismus. Hier muss sich jeder erarbeiten, was er haben will. Geschenkt gibt es hier nichts. Ach, so, aber … Nichts, aber! So läuft es hier im Westen. Keiner hat hier auf euch gewartet. Keiner. Hat doch gut funktioniert, all die vielen Jahre. Wir haben hier alles wiederaufgebaut, die Wirtschaft ans Laufen gebracht und hart erarbeitet, was wir jetzt besitzen. Die Türen sind zu! Die Mauer ist weg, aber die Türen sind zu. Der Freudentaumel ausgetaumelt, hart aufgeschlagen sind wir auf dem Boden der westlichen Realität. Yes! Ich hätte sie gerne wieder zurück, die Mauer, würde sie gerne aussperren, unsere Brüder im Westen, aus unserer heilen sozialistischen Welt.

Ja, ich mäßige mich. Ja, es sind nicht alle so im Westen. Waren ja auch nicht alle in der Partei, hier im Osten. Ja, ich mäßige mich. Aus Vernunft, weil es nichts bringt, gegen geschlossene Türen anzurennen. Gibt bloß Kopfweh, sonst nichts. Enttäuschung ist doch gut – schließlich hört die Täuschung auf. Ist bloß schmerzhaft. Ja, das ist es. Aber der Schmerz geht vorüber, wirst schon sehen. Jeder Schmerz geht irgendwann vorüber. Man muss nur aufpassen, dass man nicht *mit* vorübergeht. Ich meine, mit der Täuschung endet auch die Hoffnung allzu oft. „Die Lage ist ernst, aber nicht hoffnungslos" … woher kommt mir das in den Sinn? Ein Neuanfang in einer neuen Welt ist doch gut, rede ich mir ein. Nein, ist es nicht. Es ist nicht gut. Nichts ist gut. Wo soll er sein, der Neuanfang? Ich stehe mitten im Leben und werde wieder auf Start gestellt, nur, weil ich auf der *falschen* Seite der Mauer aufgewachsen bin. Ein *Ossi*. Leckt mich an meinem sozialistischen Arsch, ihr Kapitalistenschweine!!! Scheiße!! Ich fühle mich so deplatziert, so falsch im eignen Leben, als ob ich alles nur im Kino gesehen hätte. ENDE. Jetzt läuft der Abspann. *Es spielten ...* irre Gedanken.

Georg hat Glück gehabt. Er wird übernommen in den mittleren Dienst. War eine Zitterpartie. Aber wohin mit all den Staatsbediensteten. Die können ja nichts dafür, dass der Staat nun nicht mehr existiert, für den sie geschworen haben, treue Dienste zu leisten. So, jetzt also werden sie im Dienst des deutschen Vaterlandes verbleiben – die meisten – nur, dass das *Vaterland* ausgetauscht wird. Wertvolle Mitarbeiter sind sie, kennen den Osten, Aufarbeitung der Personalakten, neue Uniformen – fertig. Nur die ganz getreuen Staatsdiener sind schwierig zu verpflanzen – aber auch das gelingt. Wie mein Vater mal sagte: „Die alten Nazis haben auch nur ihre Uniformen getauscht nach dem Krieg." Er für seinen Teil war als Spätheimkehrer nach acht Jahren Kriegsgefangenschaft nicht mehr zu gebrauchen für den Staat. Der Vergleich hinkt vielleicht – ein wenig. Verstehen aber kann ich ihn heute besser, bilde ich mir ein. Ich habe zumindest eine Ahnung davon, wie es sich anfühlt, auf null gestellt zu werden. Wohin mit all den Nullern? Ich bin noch in der Findungsphase, habe noch keinen Plan, wie es weitergehen soll mit mir. Ich kann nicht einfach zur Tagesordnung übergehen. DDR adé, Deutschland ohé. Ich spüre Lust, zu verharren, in den alten Strukturen zu verweilen, bis sie ganz verschwunden sind. Ich schaue mir die Leute an, ihre Augen, die ungläubig in den Westen schauen und darauf warten, dass all die Versprechen, die sie großzügig machen, die Herren aus der Politik, eingelöst werden. „Blühende Landschaften", sollen wir hier erleben. Die hatten wir auch ohne euch. Was fehlte, waren Devisen, um Rohstoffe und Waren einzukaufen, um die Wirtschaft zum Laufen zu bringen, so wie ihr es konntet im Westen. Die Ostmark war nichts wert – keiner wollte sie haben, keiner wollte etwas dafür geben. Jetzt ist sie weg, die Ostmark. Jetzt gibt es die Waren, die wir sonst nur einmal im Jahr per Post bekamen, überall zu kaufen – aus, der Traum. Einmal bitte alles, und zwar sofort. Nein, ich kann das nicht so schnell. Georg sagt, ich soll mich nicht so haben. Ich wäre doch schließlich immer schon ein halber Kapitalist gewesen. Da sollte es mir doch nicht so schwerfallen, jetzt ein ganzer zu werden. Recht hat er, aus seiner Sicht. Ich tue mich trotzdem schwer damit, meine sozialistische Hälfte loszulassen. Kritisch bin ich im Prinzip durch und durch. Das ist es, was ich tatsächlich bin. Mit einem Mal hat sich mein Fokus verändert. Ich bin nicht mehr darauf fixiert, den Sozialismus kaputt zu reden und den Kapitalismus schön. Jetzt stehe ich hier, habe nicht mehr die Wahl, das eine gut zu finden und das andere zu verteufeln, weil es das andere nicht mehr gibt. Man hat mich meiner inneren Aufgabe als Wegbereiter aus dem Sozialismus beraubt. Als Systemkritiker fühlte ich mich wohl. Georg und ich standen uns gegenüber. Der staatstreue Diener und der „Vaterlandsverräter“. Wir stehen uns immer noch gegenüber, nur jetzt in vertauschten Rollen. Es ist absurd. Es ist, als habe er mit der Uniform auch seine Wahrheit an den Nagel gehängt, und ich, ich habe mich dazu gehängt und poche nun darauf, dass der Sozialismus es nicht verdient hat, einfach so weggewischt zu werden, wie ein alter Fleck auf der Sonntagstischdecke. Das hat er nicht verdient, so einfach entfernt zu werden. Ich wünsche mir eine Würdigung, eine Aufarbeitung unserer Geschichte, und zwar nicht nur der des Ostens. Der braune Westen hat auch viele Flecken, doch über die sieht man hinweg. Da stellt man das Sonntagsservice einfach drauf und sieht die Flecken nicht mehr. Das Schweigen meines Vaters hat mich zeitlebens warten lassen. Meiner Mutter zuliebe hielt ich es aus. Jetzt endlich fühle ich mich frei, es nicht mehr aushalten zu müssen. Ich will es wissen. *Alles* will ich wissen. Ich muss wissen, wer ich bin. Auf dem Grunde werde ich mich finden. Ich muss nur tief genug tauchen.

Valhalla – Erinnerungen von Johannes

Das also ist Valhalla. Ich fühle mich nicht tot. Valhalla ist ein Zustand – kein ORT. Rausgerissen aus Zeit und Raum. Irgendwie dazwischen. Ich fühle mich schwerelos, entkörpert, und doch spüre ich mein altes Ich noch deutlich, jedoch eher als Erinnerung, so als schaue ich einen Film, in dem ich selbst der Hauptdarsteller bin, von dem ich das Ende schon kenne. Ich schaue zu, wie ich geboren werde, sehe meine Eltern glücklich strahlen, sehe die Geburt meines Bruders, sehe mich und ihn als Jungen in der Schule, meine Freunde, meine Lehrer. Ich, als stolzer Hitlerjunge in Uniform mit kurzen Hosen. Die besorgten Blicke meiner Eltern. Willi, der immer Fragen hat, die ich nicht beantworten will, weil meine Antworten ihn nie zufriedenstellen. Alles scheint klar, alles scheint möglich in dieser Zeit. Ich spüre noch die Wut in mir aufkommen, wenn jemand offen anzweifelt, wofür ich stehe, was meins ist. Insgeheime Zweifel und Angst spüre ich, die anderen könnten recht haben. Die besorgten Blicke meiner Eltern, die Fragen meines Bruders, hinterlassen Spuren des Zweifels, die ich wegwische, weil ich sein will, wer ich nicht bin. Ein Anflug von Traurigkeit. Alles ist möglich, zu der Zeit. Ich gehe den Weg des geringsten Widerstandes. Ich gehe den Weg der Feigheit. Ich verrate meine Eltern, meinen Bruder, meine Freunde, mich selbst, um jemand zu sein, der ich nicht war. Warum tue ich das? Warum denke und handle ich so? Wie würde mein Leben verlaufen, wenn ich anders fühlen würde? Habe ich eine Wahl?

Elsa sitzt neben mir, hält meine Hand und lächelt mich an. Sie ist so jung und schön, wie bei unserem ersten Treffen am Berliner Bahnhof. Sie ist so licht, so ungreifbar, und doch ist sie da. Ich höre ihre Stimme, wie sie meinen Namen sagt. Ihren leichten Akzent, mit dem sie mich in die Realität zurückholt, wenn ich versinke in meinen Erinnerungen. „Johannes, schau", sagt sie, „schau hin! Es ist *dein Leben*."

Ich marschiere, bin guten Mutes, trotz der Anstrengungen. An die dachte niemand von uns. An die Strapazen, die körperliche

Erschöpfung. Hier sind alle gleich, keiner besonders, alle gleich – manche stärker als die anderen, manche schwächer. Noch marschieren wir nur ins Ungewisse, sind noch keinem Feind begegnet. Ich glaube, hier verweile ich eine Weile. Ich marschiere weiter, solange ich nur marschiere, kann das Unvermeidliche nicht geschehen. Das Unvermeidliche liegt im Dunkeln. Ich will nicht ankommen. Ich spüre meine Beine, mein Marschgepäck, das mir auf den Rücken drückt. Ich rieche den Staub, höre die Schritte im Gleichmarsch, sehe die Kolonnen von Menschen, die auf uns zu strömen, an uns vorbei aus der Richtung, in die wir laufen. Ich sehe ihre leeren Blicke. Dann kommt der Tunnel, der dunkle Tunnel.

Es ist Winter geworden, mit einem Mal, kalt. Ich friere nicht, spüre meine Füße nicht mehr. Wir haben Hunger, die Versorgung ist schlecht. Wie lange laufen wir schon? Am Wegrand liegen Menschen, erstarrt in Eis und Schnee, wie Puppen liegen sie dort, so unwirklich scheinen sie zu sein. Wir marschieren vorbei, lassen sie liegen, schauen nicht hin, laufen weiter. Tage, Wochen, Monate, endlose Zeit marschieren wir. Ich schaue auf meine Hände. Sind das meine Hände? Ich spüre sie nicht. Meine Kameraden, wo sind die geblieben? Ich schaue mich um. Die zerlumpten Gestalten, die alten Männer, können nicht meine Kameraden sein. So lange ist es nicht her. Oder doch? Ich fasse in mein Gesicht. Ja, ich fühle mich noch. Ich spüre einen Gewehrlauf in meinem Rücken. Ich werde nach vorne geschoben. Vor mir taumelt einer, stürzt. Ich stolpere über ihn, werde hochgerissen. Heinzi bleibt liegen. Heinzi. Der russische Soldat tritt ihn in die Seite. Er rührt sich nicht. Ich werde weiter geschubst, weiter. Ich spüre den Drang, mich auch in den Schnee fallenzulassen. Einfach liegenbleiben. Etwas hält mich auf den Beinen, ich kann nicht sagen, was es ist, es hält mich auf den Beinen, lässt mich weitergehen.

Jemand schüttelt mich. Ich höre Elsas Stimme, die mich weckt. Ich schlage die Augen auf, versuche zu sehen, zu erkennen, wo ich bin. Heinzi sitzt an meinem Bett, die Kameraden um mich rum. So jung sind sie auf einmal, so jung. Heinzi lacht. Ich bin wieder auf Anfang. Ich bin auf Anfang. Es ist wieder Oktober 1939.

Ein Junge sitzt auf meinem Bett, wie jede Nacht. Er sieht mich an, in den Händen hält er meine Wehrmachtspistole. Ich halte den Atem an, will nach ihm greifen. Es ist unwirklich. Er ist nicht real. Ich greife durch ihn hindurch, wie durch einen Nebel. Er bemerkt mich nicht einmal, obwohl er mich direkt ansieht. Der Junge ist kaum 7 Jahre alt, er trägt kurze Hosen und ein altes zerschlissenes Hemd. Ich höre Kinderstimmen aus dem Dunkeln des Zimmers. Sie scheinen näher zu kommen. Ich spüre ihre Anwesenheit. Der Junge öffnet den Mund und schreit. Ich halte die Pistole in meiner Hand und drücke ab. Dann ist es still. Ich atme durch. Der Junge ist verschwunden. Ich bin allein im Dunkeln.

Allein bin ich nur, wenn ich wach bin. In der Nacht bin ich nie allein. In der Nacht kommen sie. Die Toten kommen, um mich zu holen, dabei haben sie mich längst. Haben mich längst. Ich habe Angst vor dem Tod, Angst vor ihren kalten Händen, die nach mir greifen und mich fortzerren wollen. Der Tod bringt mich ihnen näher. Sie folgen mir, warten auf mich. In jeder Nacht warten sie auf mich, um mich zu holen.

Die Kinder schauen mich an, durch die Augen meiner eignen Kinder. Ich kann ihren Blicken nicht standhalten, weiche aus, schicke sie fort. Weg von mir. Ich ertrage meine Kinder nicht. Ich ertrage sie nicht. Nicht auch noch bei Tage.

Jakob schaut mich wissend an. So klar und durchdringend. Mir wird übel. Ich fühle mich angeklagt von meinem eigenen Sohn. Er kann nichts wissen, niemand weiß etwas darüber, niemand. Alle sind tot, die dabei waren. Alle – nur ich nicht.

Falsch. Oder doch nicht? Lebe ich noch? Wurde ich wieder runtergeworfen, zurück ins Leben, in die ewige Verdammnis? Nein, nein, bitte nicht. *Nicht!*

Ich spüre immer noch die Angst vor dem Tod, also kann ich nicht tot sein. Die Kinder verfolgen mich, also kann ich nicht tot sein. Ich fühle an meine rechte Schläfe, fühle das Loch, das ich selbst hineingeschossen habe in mein Hirn. Mein Körper ist tot, doch ich *lebe* weiter, wie die Kinder. Traum und Wachzustand sind eins geworden. Das muss das Fegefeuer sein, ein fortwährendes, sich immer und ewig wiederholendes Durchleiden der eigenen Seelenqualen, der tiefsten Ängste, denen zu entkommen ich mein Leben beendete, mit eigener Hand. Das ist es. Das *ist* es. Oh, mein Gott, wenn es dich gibt, erlöse mich aus diesen Qualen. Was muss ich tun, um das Hiersein zu beenden? Ich schließe meine toten Augen und weine. Ich weine zum ersten Mal. Wie ein Kind weine ich um mich, um mein nicht gelebtes Leben. Es tut gut, so zu weinen. Es löst mich heraus aus meiner Erstarrung. Ich spüre den Schmerz, der sich löst aus meiner Brust, der hinaus fließt mit den Tränen.

Ich sitze auf einer Wiese, habe mir mein Knie angeschlagen. Es blutet, es schmerzt. Mein Vater steht neben mir. Er schaut auf mich herunter und lächelt. Ich blinzle durch den Tränenschleier, sehe einen liebevollen Blick auf mir ruhen. Ich fühle mich zu Hause. „Steh auf Johannes", sagt er, „es ist nur eine kleine Schramme." Er streckt mir seine Hand entgegen. Meine kleine Hand verschwindet in seiner. Er zieht mich hoch und hält mich fest. Wir laufen über eine blühende Wiese. Es riecht nach Sommer. In der Ferne sehe ich Mutter, die Willi auf dem Arm trägt. Sie winkt uns zu. Ich fühle mich leicht und unbeschwert. Alle Last trägt mein Vater für mich fort.

Mein Vater steht mir gegenüber. Wir stehen in der Wohnstube. Er spricht ganz ruhig zu mir, doch ich bin aufgebracht, bin wütend auf ihn und seine Worte. Ich will nicht hören, was er sagt. Ich will nicht sehen, was er mir zeigen will. Ich verlasse den Raum und schlage die Türe hinter mir zu. Ich spüre, dass er recht hat, ich weiß es, aber ich verschließe mich vor der Erkenntnis. Sie würde mich trennen von den anderen, den Andersdenkenden. Ich will nicht ausgeschlossen werden aus ihrer Gemeinschaft, ich fühle mich stark und anerkannt bei ihnen, ganz anders als bei meinem Vater, bei dem ich mich klein und unerfahren fühle. Mutig fühle ich mich, ihm zu widersprechen.

Die Türe ist zu. Ich stehe wieder davor. Die Hand auf der Klinke.

Ich möchte ihn um Vergebung bitten, meinen Vater. Vergebung für das, was ich sagte, von dem ich wusste, im selben Moment, dass es falsch war. Ich wollte ihn verletzten, mich über ihn stellen, mich stark und mächtig fühlen. Ich musste den Raum verlassen, die Türe zuschlagen vor der Wahrheit, hinter der Lüge. Ich stehe auf dem Flur, die Wut ist verraucht, Leere ist entstanden, dort, wo sie eben noch loderte. Alles verbrannt hat die Wut in mir. Ich spüre die Leere, die dunkle Leere, die zurückgeblieben ist. Zerstört sind das Vertrauen, die Liebe, die Verbundenheit, die wir hatten. Ich habe ihn verletzt und mit jedem Dolchstoß habe ich mich selbst getroffen, tief ins Herz. Ganz anders als beabsichtigt, ganz anders als erwartet, fühle ich mich schwach und verletzlich, allein und hilflos. Ich schlucke meine Tränen runter, straffe die Schultern und schaue mich im Spiegel an. Ich sage mir selbst, dass es sein musste. Du musstest dich behaupten, du musstest für deine Überzeugung einstehen. Du darfst keine Schwäche zeigen. Bleib stark! Im Spiegel sehe ich mal mich, mal den, der ich sein möchte. Ich schaffe es nicht, das Bild festzuhalten, von meinem erwünschten, ersehnten, starken Selbst. Es kippt immer wieder und ich sehe Johannes. Ich hasse ihn. Er ist ein Schwächling, ein Feigling, ein Volksverräter! *Das bin ich nicht*. Er muss weg. Ich straffe mich noch mehr und gehe entschieden auf den Jungen zu, der zu sein ich erhoffe.

Dieser Junge ist es, der sich die Uniform überzieht. Dieser Junge ist es, der sich freiwillig zum Wehrdienst meldet. Dieser Junge ist es, der in die Kaserne zieht, zu seinen Kameraden. Er ist entschlossen, für den Erhalt seines starken Selbstbildes zu kämpfen. Es zu verteidigen gegen alle, die ihm widersprechen. Er ist es, der die Hacken zusammenschlägt und widerspruchslos jedem Befehl folgt, der ihm entgegen gebrüllt wird. Er ist es, der in den Krieg marschiert, um sich zu beweisen, dass er recht hatte, um ein Held zu werden, einen Orden zu bekommen. Diesen Orden zeige ich meinem Vater und er wird sich beugen vor mir. Er wird sich beugen und mich um Vergebung bitten. Mich, den Kriegshelden, der recht hatte von Anfang an. Der treu war und seinem Vaterland diente, es verteidigte, uns alle rettete. Er wird stolz sein auf mich. – Er wird mir vergeben.

Man kann nur ein Leben leben, nicht mehrere. Nur eines, und da gilt es sich zu entscheiden, wie es aussehen soll. Mein Vater war ein Kriegsheld im Ersten Weltkrieg. Der hat ihn verändert, wie er sagt. Er hat seine Sicht auf den Krieg verändert. Niemand kann einen Krieg gewinnen, sagt er. Niemand. Ich verstehe ihn nicht, als ich vor ihm stehe, ich will ein Sieger sein. Ein Sieger kann man nur sein, wenn man gewinnt. Den Ersten Weltkrieg gewannen die anderen. Sie unterwarfen unser Volk und hungerten es aus. Wir lagen am Boden und sie traten nach uns, nahmen uns unsere Würde, unsere Selbstbestimmtheit. Die bitteren Tränen der Unterworfenen schmecke ich auf meinen Lippen. Wie kann er nur sagen, dass niemand einen Krieg gewinnen kann? Das stimmt nicht. Ich will ein Gewinner sein. Ich will ihnen zeigen, dass man das deutsche Volk nicht unterschätzen sollte, dass wir uns wiederholen, was sie uns nahmen. Wir sind die Überlegenen! Nur der Verrat aus eigenen Reihen führte zur Niederlage. Nur der Verrat. Jeder schwache Gedanke ist Verrat, jeder Zweifel ist Verrat. Mein Vater ist ein Verräter. Er verrät sich selbst, verrät mich! Ich hasse ihn! Ich muss ihn hassen oder mich selbst und das, wofür ich kämpfen werde. Der Stachel sitzt tief. Zu tief, um ihn noch herauszuziehen. Er hat Widerhaken. Reißt mir das Herz heraus, wenn ich an ihm ziehe. Ich habe mich entschieden. Für den, der ich sein möchte, und gegen den alten Johannes, der ich mal war.

In der Kaserne fällt es mir leicht, der neue Johannes zu sein. Umgeben von Freunden und Kameraden. Nicht alle sind so entschlossen und tapfer wie ich. Nicht alle. Mancher ist im Zweifel, im Zwiespalt seiner Gefühle, das sehe ich in Augenblicken, in denen sie sich unbeobachtet glauben. Aber keiner wagt es, sich zu offenbaren, es auszusprechen, seine Schwäche zu zeigen. Keiner wagt es. Die Angst, ausgegrenzt zu werden, ist größer als die vor dem, was kommen mag. Wir alle wissen, was passiert, wenn man sich ausgrenzt, sich erweist als Schwächling, als Feigling, als Vaterlandsverräter. Wir wissen es, weil wir es erlebten. Niemand will denen folgen, die sich so entblößten. Die Grundausbildung ist geschafft. Ich werde Offizier der Wehrmacht. Das ist mein Ziel! Hochdekoriert!

Zu Hause sprechen wir nicht mehr darüber. Ich bin nur noch selten zu Hause. Vater ist wieder einberufen zur Ausbildung. Er ist selten da. Wenn er da ist, sprechen wir nicht viel. Es gibt nichts mehr zu sagen. Die Fronten sind geklärt. Nur Willi fragt mir, wie immer, Löcher in den Bauch. Alles will er wissen. Mutter schweigt dazu. Sie lächelt, nimmt mich in den Arm und küsst mich auf die Stirn. Es ist das letzte Mal, dass ich sie sehe, doch das weiß ich noch nicht und entziehe mich ihrer Umarmung, weil ich loswill.

Am Abend in der Kaserne erhalten wir den Marschbefehl. Morgen geht es los! Wir marschieren gegen Polen.

Kindlichen Gemütes marschieren wir los, *spielen* Soldaten, *spielen* Krieg. Keiner von uns hat eine Vorstellung davon, was uns erwartet. Keiner von uns *Kriegsfrischlingen*. Noch weit entfernt vom Kriegsgeschehen sind wir übermütig, sind wir mutig. Wir sind zusammen – eine Einheit. Es fühlt sich großartig an, aufregend, ein großes Abenteuer, das nun endlich beginnt. Wir werden für das deutsche Vaterland kämpfen, es verteidigen gegen die Bolschewisten, die Juden, die Verräter. Wir drängen sie zurück, zeigen ihnen, wer wir sind. Nehmt euch in Acht! Wir kommen!

Die ersten Wochen Krieg sind ohne besondere Vorkommnisse ins Land gegangen. Wir sind in Polen eingetroffen. Noch sind wir alle beisammen. Ich spüre, dass der Leichtmut verflogen ist. Eine gewisse Ernsthaftigkeit hat Einzug gehalten in unseren Reihen. Wir sind jetzt dicht davor, riechen können wir den Krieg, hören und sehen ihn jetzt mit eigenen Augen. Nichts Heroisches hat er. Wir sind enttäuscht, wagen es aber nicht, darüber zu sprechen. Ein jeder tut so, als sei alles wie erwartet.

Wir marschieren jetzt nicht mehr. Wir warten. Panzer rollen an. Panzer und Lastkraftwagen, sie werden uns hoffentlich an die Front bringen, zum ersten Kampfeinsatz. Wir sehen den

Feind nicht, keine polnischen Soldaten, die uns mit hasserfüllten Fratzen gegenüberstehen. Die Polen sind bereits geflohen, abgehauen sind sie, die Feiglinge. Richtig so! Wir machen alles nieder, was sich uns in den Weg stellt.

Endlose Landstraßen, keine Menschenseele zu sehen. Es ist fast langweilig, das ewige Hocken auf dem LKW. Jetzt halten wir. Kurz vor Warschau. Das wurde auch Zeit. Ich muss dringend pinkeln.

Alles schon vorbei. Warschau ist fest in deutscher Hand. Die Polen haben schon vor Wochen kapituliert. Nichts entgegenzusetzen hatten sie der deutschen Übermacht. Die Wehrmacht rückt weiter vor in den Osten. Wir sind nur die Nachhut. Wir räumen auf, sagt man uns. Na, toll. So haben wir uns das aber nicht vorgestellt. *Aufräumen* klingt wenig heroisch.

Sondereinsatztruppen stoßen zu uns, übernehmen das Kommando. Wir sind abkommandiert, die Truppen zu unterstützen, zunächst hier in Warschau. Politische Gefangene sollen überführt werden. Die neuen deutschen Ostgebiete müssen gesäubert werden von potenziellen Widerständlern, heißt es. Das verstehe ich. Das ist Kriegstaktik. Um die besiegte Bevölkerung zur Kollaboration zu bringen, müssen die Widerständler hart bestraft werden. In den ersten Wochen sind wir für Transporte zuständig. Wir übernehmen die Festgenommenen und bringen sie zu Sammelstellen, wo sie in Zugwaggons verfrachtet werden. Das geht schneller, als sie mit dem LKW zu transportieren. Sie werden zusammengetrieben und in die Waggons gesperrt. Die Züge fahren sie direkt zu Arbeits- und Umerziehungslagern, die eigens zu diesem Zwecke errichtet werden.

Ich habe ein Gerücht gehört, nach dem nicht alle auch dort ankommen. Ich will dem keinen Glauben schenken. Die Züge sollen auf offener Strecke halten, die Menschen herausgetrieben und exekutiert werden. Wehrlose Menschen zu erschießen, gehört sicherlich nicht zu den Aufgaben der Sondereinsatztruppen. Das ist empörend! Rudi will es gehört haben. Keiner glaubt ihm, trotzdem macht sich Beklommenheit spürbar breit.

Es blieb bei dem Gerücht, das sich nicht beweisen ließ durch Tatsachen. Wir haben unsere Aufgabe in Warschau erfüllt. Es ist inzwischen Februar geworden. Hier gibt es keine Front. Wir räumen und säubern die neuen ostdeutschen Gebiete. Heute ziehen wir weiter. Das Deutsche Reich muss wachsen. Damit es wachsen kann, braucht es Land und Wirtschaftsgüter. Die zu beschaffen, ist unser Auftrag.

In den vergangenen Wochen räumten und säuberten wir. Die Menschen, denen wir begegnen, werden sortiert in brauchbar und unbrauchbar – so will ich es der Einfachheit halber mal nennen. Kräftige Männer werden zum Arbeitseinsatz eingesammelt. Es sind vor allem Bauern und Landarbeiter. Die Frauen und Kinder machen die leichtere Landarbeit. Unsere Aufgabe ist es, die Dörfer für das Deutsche Reich zu sichern, die Männer zu rekrutieren, die kriegswichtigen Güter zu beschlagnahmen, um die Versorgung der kämpfenden Truppen sicherzustellen. Wir stoßen auf wenig Widerstand – eine fast friedliche Zeit, mitten im Krieg. Wie Sieger fühlen wir uns nicht. Die Menschen hier scheinen alles unbeteiligt und widerspruchslos hinzunehmen. Die Wochen vergehen. Es ist Mai geworden. Das Wetter ist schön. Vom Krieg keine Spur.

Heute ist der 6. Juni 1940, mein Todestag. Alles, was ich bis heute getan habe, bereue ich nicht. Ich sehe es nach wie vor als unabwendbare Notwendigkeit, Raum zu schaffen in den besetzten Gebieten, sie zu säubern von Menschen jüdischer Herkunft oder anderer niederer Abstammung. Es notwendig, dass sie arbeiten für unser Vaterland. Immerhin tue ich das auch. Ich bin hier, um das eroberte Territorium zu sichern. Wir räumten Dörfer, beschlagnahmten kriegswichtige Waren, schafften Raum für die Zukunft des Großdeutschen Reiches. Ich bereue es nicht, hier zu sein und Teil dieser Großoffensive zu sein. Alles, was ich getan habe, bis zum heutigen Tag, bereue ich nicht.

Es ist Mittag. Die Sonne steht hoch am Himmel. Ich habe eine Waffe an der Schläfe. Vor mir kniet ein Junge. Er weint, seine Schultern zucken. Ich sehe seinen Rücken, denn ich stehe hinter ihm. Mit meiner Pistole ziele ich auf seinen Hinterkopf.

Wahllos herausgepickt aus unserer Einheit wurde ich, *wahllos*. „Jungfrau an der Waffe! Heute wirst du entjungfert, heute ist dein großer Tag!" Er zerrt mich raus. Ich stehe auf dem Dorfplatz, umringt von feixenden Soldaten der Sondereinheit. Sie feiern meine Entjungferung. Ich soll das Urteil vollstrecken, das sie gefällt haben über den Jungen, der da im Staub vor mir kniet. Er hat kriegswichtige Waren gestohlen. Einer hält ein Hühnerei in der Hand und spielt damit, dreht es mit den Fingern, hält es in die Sonne, betrachtet es von allen Seiten, als wäre es ein Goldnugget. Die anderen lachen. Die Zeit scheint still zu stehen. Ich höre meinen Herzschlag, fühle die Mündung an meiner Schläfe. In meinen Ohren rauscht es. Ich höre gedämpftes Lachen, sehe den Jungen vor mir, sehe sein Zittern. Ich höre einen Schuss, von weit weg, und falle in einen dunklen Tunnel. Ich liege im Staub. Der Junge starrt mich an. Ich übergebe mich, krieche weg von seiner Leiche. Der Platz ist leer. Nur ich bin noch hier. Hier bleibe ich. Ich verlasse den Platz nie mehr. Das weiß ich sicher. Johannes ist heute gestorben. Johannes existiert nicht mehr.

Als toter Mann weitere Morde zu begehen, fällt mir nicht mehr schwer. Viele tote Soldaten morden und empfinden Genugtuung, wenn sich andere zu ihnen gesellen. Nur gerecht, wenn diejenigen sterben, die mich zum toten Mörder machten. Die Angst vor dem Tod ist besiegt. Keiner spürt sie mehr. Die Angst lässt sich deshalb nicht mehr mitfühlen, wenn Menschen um ihr Leben flehen. Nachts geht man mit den Toten schlafen. Am Tage lebt man ohne sie. Bedeutungslos erscheint mir der erste Mord, angesichts der Massen von Hinrichtungen, an denen ich in den letzten Wochen teilnahm. Es ist fast lästig, das ständige Töten. Lästig, wie Ungezieferjagd. Sie werden und werden nicht alle. Immer noch mehr. So viele. Wir arbeiten uns durch. Säubern und säubern, aber der Dreck bleibt liegen. Eine arbeitssparende Maßnahme ist es, sie selbst ihr Grab schaufeln zu lassen. Das spart Mühe. Zuschaufeln müssen wir es dann ja doch noch selbst, wenn kein anderer da ist, der es macht. Meist schaufeln die, die anschließend erst dran sind.

Die Erschießungen sind teuer, verbrauchen kriegswichtige Munition. Wir lernen, mit anderen Methoden das Ziel zu erreichen. Wir lassen sie einfach verhungern. Das ist günstiger, aber zeitaufwendiger. Es dauert lange, bis ein Mensch verhungert ist. Die Zeit muss man abwarten, muss aufpassen, dass sie sich nicht davonmachen. Menschen, die hungern, sind zu allem fähig. Das habe ich mit eigenen Augen gesehen. Die werden wie Tiere, fressen alles, selbst ihre eigene Scheiße.

Mir persönlich sind die schnellen Methoden lieber. Aber diese Massen *erlauben* es einfach nicht. Inzwischen gibt es Lager, die sich auf die Massentötung spezialisiert haben. Sie vergasen die Untermenschen. Das ist eine saubere Angelegenheit. Danach werden ihre Leichen einfach verbrannt. Auschwitz-Birkenau ist das größte Lager. Wir liefern Nachschub für die Öfen. Bei den Mengen dürften sie niemals ausgehen. Heinzi, Rudi und ich sind abkommandiert für die Transportsicherung. Die anderen aus der Einheit sind Räumer. Sie *fegen* hinter den Truppen der Sondereinheit. Brauchbares wird eingesammelt, verpackt und verschickt. Unbrauchbares verbrannt. Die Ländereien werden eingedeutscht. So ist das im Krieg. Früher dachten wir, dass wir an der Front gegen bewaffnete Soldaten kämpfen werden. Jetzt wissen wir es besser. Die, die an der Front kämpfen, verlieren ihr Leben – im schlimmsten Fall. Im besten Fall gewinnen sie die Vormacht und später einen Orden. Wir sind hier weit entfernt vom Ruhm, aber gleichzeitig auch weit entfernt davon, selbst unser Leben zu verlieren. *Wir* werden den Krieg überleben, soviel ist sicher.

Warschau ist jetzt abgeriegelt. Kein Jude kommt mehr raus. Die, die es versuchen, werden direkt getötet oder abtransportiert nach Treblinka. Das wissen sie genau und deshalb versuchen es nur wenige. Wir haben uns recht gemütlich eingerichtet hier. Es wird bald Winter.

Man munkelt, das Bündnis mit den Russen sei morsch geworden. In Berlin drängt man weiter nach Osten. Der Bolschewismus muss zurückgedrängt werden. Wir müssen vorstoßen in die Keimzelle des jüdischen Bolschewismus und sie auslöschen.

Rudi kommt mit Neuigkeiten. Wir marschieren nach Osten gegen die Russen. Die Divisionen werden zusammengezogen. Es wird mehrere Marschrouten geben und wir sind dabei!

Die anfängliche Euphorie ist nach wochenlangem Marsch verflogen. Seit Mitte Juli marschieren wir. Zu Kampfhandlungen ist es noch nicht gekommen. Zumindest nicht bei uns. Wir sind die Nachhut. Die Panzer rollen voran. Eine gewaltige Truppe. Die Russen waren überrascht. Wir fackeln nicht lange. Schaffen Tatsachen, wo Tatsachen geschaffen werden müssen. Unser Ziel ist Minsk. Dann Durchmarsch nach Moskau. Wir rechnen fest damit, schon vor dem Winter siegreich die deutsche Fahne zu hissen.

Die Lage hat sich verändert. Wir sind im Kriegsgeschehen angekommen. Die deutschen Truppen haben Minsk eingekesselt. Keine Chance. Aber sie wehren sich mit aller Macht, trotz Unterlegenheit. Das muss man ihnen lassen.

Wir sind als Nachhut nicht an vorderster Front – noch nicht. Wir marschieren durch erobertes Gebiet, besetzen, sichern, räumen. Die Versorgung der Truppen an vorderster Front muss sichergestellt werden. Kriegsgefangene russische Soldaten werden in Lagern zusammengetrieben und ausgehungert oder deportiert. Wir haben Schießbefehl. Die Bevölkerung ist zu dezimieren. Das deutsche Volk braucht Raum. Viel haben wir nicht mehr zu tun. Die vordersten Truppen haben gründliche Arbeit geleistet. Nur wenige Verluste bislang auf unserer Seite.

Unsere Truppen marschieren gegen Moskau. Wir halten Stellung in Minsk. Uns geht es gut hier. Die Nachrichtenlage ist dünn. Zu Hause feiert man bereits den Sieg über die Sowjetunion. Uns ist nicht nach Feiern zumute. Der Winter ist hereingebrochen, viel früher als erwartet. Unsere Truppen liegen vor

Moskau. Sie sitzen fest und erfrieren. Kein heldenhafter Tod. Es ist bald Weihnachten.

Die Lage ist verwirrend. Stellung halten oder nachrücken. Wir warten. Wir halten die Stellung! Gott sei Dank! Als Versorgungspunkt sind wir unverzichtbar hier an Ort und Stelle.

Die Rote Armee rückt weiter vor. Unsere Truppen vor Moskau sind geschlagen. Stellung halten ist der Befehl. Teile unserer Einheit weichen zurück, um an anderer Stelle zu den siegreichen Divisionen zu stoßen. Heinzi, Rudi und ich halten hier Stellung!

Die Moral bröckelt in den zeitlosen Wochen, Monaten, Jahren. Kaum jemand ist noch überzeugt, dass es einen Endsieg geben wird. Nur die Heeresführung und nicht mal die, in Wahrheit.

Aus der Traum vom Großdeutschen Reich! Ausgeträumt! Jetzt müssen auch die letzten Träumer wach werden und sehen, was unvermeidlich auf uns zurollt. Unabwendbar ist die Niederlage. Große Heeresteile haben bereits kapituliert. In Berlin scheint das niemand wissen zu wollen. Wir sind am Ende! Stellung halten ist der Befehl! Stellung halten. Mir ist es gleich.

Wir wollen auch den Untergang überleben, darin sind wir uns einig. Wir werden uns gleich ergeben, wenn die Russen sich Minsk wiederholen. Heinzi, Rudi und ich kapitulieren, bevor wir dazu gezwungen werden. Mit ungeheurer Kraft und Wucht fallen sie über Minsk her. Es ist, als entlüde sich die geballte Wut des Krieges über uns. Jetzt sind wir an der Front, doch anders als gedacht. Es gibt nichts mehr zu erobern, die Schlacht ist gefochten und verloren. Wer sich jetzt widersetzt, kann sich die Pistole gleich an den eigenen Kopf halten – einige tun das – aus Angst vor den Russen oder aus Schmach wegen des verlorenen Endsiegs. Wir nicht. Wir wollen diesen Krieg überleben, wir wollen nach Hause – endlich nach Hause. Weiße Fahnen aus Laken schwenken wir aus den Fenstern unseres Quartiers, damit gar keine Missverständnisse aufkommen. Wir wehren uns nicht. Ihr könnt uns holen. Das tun sie auch. Wir werden rausgeholt aus unserem Quartier. Rausgeschmissen auf die Straße.

Zusammengetrieben wie Vieh werden wir. Wer sich widersetzt, wird erschossen. Kurzer Prozess. Die Lager werden umfunktioniert, die Insassen ausgetauscht. Die Kommandeure und hochrangigen Offiziere werden separat untergebracht. Wir Versorgungsoffiziere bleiben bei der Mannschaft. Was für ein irres Spiel, denke ich.

Der Krieg ist vorbei – zumindest für uns. Für die Russen offenbar noch nicht. Wir werden zusammengepfercht in übervollen Lagern, bei sengender Hitze. Die Bedingungen sind menschenunwürdig. Die Versorgungslage ist schlecht. Zu viele, viel zu viele auf zu engem Raum. So geht es ein paar Wochen, in denen viele sterben an Unterernährung, ihren Verletzungen und Krankheiten, die sich hier im Lager ausbreiten. Auch Rudi schafft es nicht. Er war immer der jüngste und schwächste von uns. Nur ein Hemdchen in Uniform. Er kriegt die Ruhr vom dreckigen Wasser. Für ihn endet der Krieg hier in Minsk. Immerhin wird er bestattet. Wir haben einen provisorischen Friedhof angelegt. Da liegt er. „Was soll ich seinen Eltern sagen, wenn ich heimkomme?", denke ich.

Weitere Lager werden errichtet für die vielen deutschen Soldaten, die täglich dazukommen, viele in beklagenswertem Zustand. Heinzi und ich fragen uns, wie es weitergeht. Die Informationslage ist schlecht. Es wird erzählt, dass Berlin nicht kapitulieren wird. Es ist also immer noch Krieg. Meine Hoffnung sinkt, dass er jetzt schnell zu Ende geht.

Heute Morgen wurden wir rausgetrieben. Raus aus dem Lager, das nach Krankheit und Tod riecht. Die gesunden Männer werden zum Arbeitseinsatz eingeteilt, die Kranken dürfen bleiben. Die medizinische Versorgung war in den ersten Wochen und Monaten desolat. Inzwischen gibt es wieder medizinische Hilfe – immerhin. Wir sollen wiederaufbauen, was wir zerstört haben, soviel verstehe ich inzwischen. Der Aufbau der Hospitäler hat oberste Priorität. „Besser arbeiten als absitzen", denke ich. Die Zeit vergeht schneller, wenn man arbeitet. Endlose Tage und Wochen sind seit der Einnahme von Minsk vergangen. Endlose, zeitlose Wochen. Heinzi und ich bleiben zusammen. Wir sind im selben Arbeitstrupp, der für den Brücken- und Straßenbau eingeteilt ist. Die Wehrmacht hat auf ihrem Rückzug alle Brücken gesprengt, um den Vormarsch der Russen zu stoppen – leider ohne Erfolg. Die Straßen sind durch die Luftangriffe und Panzergranaten in ebensolchem Zustand. Baumaterial ist knapp, wie alles andere. Wir räumen die Straßen von Schutt, sortieren brauchbares Baumaterial, transportieren es zu den Baustellen. Überall sehe ich deutsche Kriegsgefangene arbeiten. Es ist immer noch Krieg.

Der Winter ist hart, wie jeder Winter hier in Russland. Temperaturen unter –20 Grad, ganz anders als in Berlin. Es gibt nicht viel, was uns wärmen kann. Heizmaterial ist ebenso knapp wie alles andere. Hoffnungslosigkeit macht sich bei vielen breit. Besonders bei den Kranken. Bereits acht Monate sind wir hier festgesetzt. Wir beten inständig um die Kapitulation, fühlen uns im Stich gelassen von Berlin. Wollen die uns hier einfach verrecken lassen? Keine Nachrichten, abgeschnitten vom Rest der Welt, das frisst sich rein. Das frisst sich rein. Ich kämpfe dagegen an, versuche, guten Mutes zu bleiben, dass alles bald vorbei ist, doch habe ich meine Zweifel. Im Innersten befürchte ich, dass es noch lange nicht vorbei ist.

20 Jahre Arbeitslager! 20 Jahre! Es hallt in meinen Ohren, wieder und wieder. Sie haben uns verurteilt. Seit Januar laufen die Prozesse gegen Kriegsverbrecher hier in Minsk. Kriegsverbrecher! Es gab Todesurteile, die gleich vollstreckt wurden. Die Generalität, die hohen Offiziere wurden zum Tode durch Erschießen verurteilt. Die niederen Offiziersränge kamen meist mit Arbeitslager davon. Davon! 20 Jahre! Der Krieg ist vorbei! Das Deutsche Reich hat kapituliert. Hitler hat sich erschossen – der Feigling! Was ist mit uns? Interessiert überhaupt irgendjemanden zu Hause, was mit uns geschieht?? Ich kann keinen klaren Gedanken mehr fassen. Alles rauscht um mich herum. Ich erlebe den Prozess wie im Traum. Damit hat keiner gerechnet. Keiner. Wir jubelten, als wir von der Kapitulation erfuh-

ren. Endlich vorbei, dachten wir. Endlich aus und vorbei. Jetzt geht es weiter. Jetzt können wir bald nach Hause, dachten wir. Ein paar Offiziere bringen sich um. Sie schneiden sich die Pulsadern auf, mit Scherben. Ich habe nicht den Mut dazu, selbst Hand an mich zu legen. Ich habe nicht den Mut, mein Leben zu beenden. Ich sitze zusammengekauert auf meiner Pritsche und weine wie ein kleines Kind. Ich weine, bis keine Tränen mehr da sind und ich in einen traumlosen Schlaf falle. In der Nacht erwache ich. Ein Junge sitzt auf meinem Bett. Er hält meine Wehrmachtspistole in der Hand und schaut mich an. Ich greife danach, greife durch ihn hindurch, fühle die Pistole in meiner Hand und drücke ab. Der Junge ist verschwunden. Er ist jetzt zu Hause, das weiß ich.

Verbrechen gegen die Menschheit werden uns vorgeworfen. Die *Menschheit*. Wo fängt der Mensch an, wo hört er auf, Mensch zu sein? Unmenschlich sei es gewesen, das Vorgehen der Deutschen Wehrmacht gegen die Bevölkerung in Russland. Unmenschen sind wir jetzt. Tief gefallen sind wir. Herausgefallen aus der Menschheit. Das Menschsein wird uns abgesprochen. Mit welchem Recht urteilt *ihr* über *uns*? *Wir hatten Schießbefehl!* Welche Bedeutung hat die Art und Weise des Tötens, wenn das Ergebnis doch das gleiche ist.

Egal, alles egal. Ohne Bedeutung. Es gibt uns nicht mehr. Wir haben keinerlei Bedeutung mehr. Keine Bedeutung.

Keine Menschen mehr sind wir. Sind wir schon lange nicht mehr. Es hört auf im Krieg – das Menschsein. Als Mensch kann man kein Soldat sein. Soldaten sind *ent*menschlicht, damit sie töten können. Entmenschlicht. Die Uniform gibt ihnen das Recht dazu. In Uniform zu töten ist recht – ohne, ist unrecht. Ohne Uniform zu töten, ist Mord. Ich werde verurteilt, weil ich Soldat bin, weil ich Offizier bin, weil ich die Stellung gehalten habe, weil ich gehorsam war. Ihr müsst die Uniform verurteilen – nicht mich! Ihr wisst nicht, wer ich war und was ich getan habe, bis ich aufhörte, Mensch zu sein. Ich empfinde Ungerechtigkeit. Wie kann Unrecht sein, was eben noch Recht war? Wie kann der Mensch bestraft werden für das, was der Soldat getan hat? Tief, ganz tief drin in mir bin ich noch Mensch, bin ich Sohn und Bruder, bin ich Johannes, bin ich der, der ich mal war. Tief drin in mir sitzt er und ist empört. Empört darüber, bestraft zu werden für etwas, was der andere tat – der andere, nicht er! Seht ihr nicht, dass *ihr* Unrecht tut? Seht ihr *mich* nicht? Nein, ich erkenne mich selbst nicht mehr. Ich weiß nicht mehr, wer das ist, der da in Uniform. Ich weiß nicht mehr, was er wollte, der da in Uniform. Ich weiß nicht mehr, wer *der* da ist.

Sie führen uns ab, mich und die Uniform, als ob wir eins wären. Zurück ins Lager bringen sie uns. Zurück ins Lager. Die anderen Uniformen werden an die Wand gestellt. Hier endet es für die Befehlsgeber, für jene, die Schuld sind. Jene, die schuldiger sind als wir. Sie werden getötet, als Strafe für das, was sie taten. Es ist gut, wenn man jemanden hat, der schuldiger ist als man selbst. Es ist gut, dass niemand auf der Anklagebank saß, der mir so viel Schuld auflud. Ich bekomme Zeit, den in der Uniform loszuwerden, Zeit, wieder ein Mensch zu werden – 20 Jahre Zeit.

Ich drücke die Klinke herunter und öffne die Türe. Mein Vater steht am Fenster. Er hat mir den Rücken zugewandt. Als er sich umdreht, erkenne ich mich selbst in ihm. Mein Gesicht, meine Augen, meine Tränen. Er schaut mich an, aus meinen Augen. Er sieht meinen Schmerz, meinen Kummer, meine Wut, als wäre es die seine. Es ist seine! Es ist seine! Nicht meine Wut, sondern seine, nicht mein Kummer, nicht mein Schmerz, sondern seiner! So betrachtet er mich ganz ruhig durch meine Augen und sieht mich – *mich*, der ich in Wahrheit bin. Ich fühle seine Hand, die meine Hand umschließt, als wäre es meine. Ich fühle, wie all mein Kummer, all mein Schmerz, all meine Wut aus mir herausfließt durch seine Berührung. Ich bin ganz bei mir und darf es auch sein, weil ich geschützt und geborgen bin, voller Vertrauen und Liebe, die mich trägt durch jede Woge meines Lebens.

Ich schaue zur Türe durch seine Augen und sehe dich, mein geliebter Sohn. Ich sehe dich in mir und mich in dir. Welchen Kummer, welches Leid du auch erfahren wirst in deinem Leben, fühle meine Hand, spüre die deine, fest in meiner, und sei gewiss, dass ich dein Vater bin, der dich schützt, der dich trägt, der dir vertraut.

Du hast nichts falsch gemacht, geliebter Vater. Es war nicht deine Schuld – nie war es deine. Ich ging und trug deine Wut mit mir fort, deinen Schmerz, und ich war stolz darauf, für dich zu kämpfen. Dein Leid ungeschehen zu machen, zu sühnen, was dir widerfuhr, was dich entfremdete von deinem Selbst, war meine Aufgabe, die ich mir auswählte, ohne dein Bitten, gegen deinen Willen. Ich überging dein Vatersein, verletzte dich, damit ich dich und mich verlassen konnte. Du warst Mensch geblieben, auch nach dem Krieg warst du noch Mensch. Es ist dir besser gelungen als mir. Dein Schutz hat mich geschwächt, dein Vertrauen hat mich verraten. Bitte verzeih mir, geliebter Vater, verzeih mir. Ich habe es nicht geschafft, der zu sein, auf den du stolz sein kannst. Ich habe dein Leid vergrößert, indem ich es suchte. Ich habe deine Wut gespürt und gegen mich selbst gerichtet. Verzeih mir, dass ich dich nicht hörte, deine Worte keinen Widerhall hatten in meinen Ohren, dass ich blind war für deine Liebe, deine Stärke. Jetzt verstehe ich dich, jetzt verstehe ich dich – immerhin, dafür war es gut. Vielleicht war es das einzige, wofür es gut war.

Du sagtest, dass niemand einen Krieg gewinnen kann, und meintest, richte dich der Zukunft zu, nicht der Vergangenheit. Die Vergangenheit zu verändern, sind wir losgezogen. Auf einer geänderten Vergangenheit wollten wir aufbauen, was sie uns vermeintlich versagt hatte. Einen verlorenen Krieg vor Augen, den wir selbst nicht erlebt hatten. Wie ein verlorenes Spiel, für das man Revanche einfordert, und dabei betrügt. Betrogen haben wir uns selbst, uns selbst verraten. Aber das alles weißt du längst, geliebter Vater. Du wusstest es schon lange vor uns. Jetzt weiß ich es auch. Das wollte ich dir sagen.

Wir dürfen nach Hause. Nach Hause. Mit Stalins Tod endet der Krieg für uns Soldaten der Wehrmacht. Die Lager werden aufgelöst. Wir werden aufgelöst. Wir sollen zurückkehren in unser altes Leben. Glücklich sind jene, die eines haben. Jubel bricht aus, Ungläubigkeit, Unfassbarkeit, nach all den Jahren. In mir macht sich Angst breit. Angst vor der Leere, die mich erwartet. Die Zeit reichte nicht aus, um wieder Mensch zu werden, noch, um ein Soldat zu bleiben. Ich bin weder noch. Ein Weder-Noch bin ich. In einem zeitlichen Vakuum befanden wir uns in den letzten Jahren. Ausgeschlossen von der alten Welt, dem alten Leben. Altes Leben. Ich möchte nicht zurück. Wohin sollte ich auch gehen? Ich war 17 Jahre alt, als ich mein altes Leben verließ. Jetzt bin ich 31. Ich bin nicht der einzige, der nicht zurückwill. Auch andere haben sich hier eine neue Identität geschaffen, weit entfernt von dem, der sie mal waren. Wiederaufgebaut haben wir hier nicht nur die Stadt, sondern auch uns selbst. Fremd geworden sind uns jene, die wir mal waren. Fremd und unannehmbar. Was erwartet uns in der Heimat, die sich nicht mehr wie unsere anfühlt. Die Gefühle sind veraltet, überholt, nicht mehr deckungsgleich mit uns, die so lange fort waren. Ich habe Angst davor, zurückzukehren. Ich habe mich von meinem alten Ich entfremdet, mit ihm abgespalten habe ich seine Vergangenheit. Ich bin hier einfach. Ohne Vergangenheit, ohne Heimat, einfach nur. So lässt es sich aushalten. Wenn man nicht nach Hause kann, muss man nicht darüber nachdenken, kann es verdrängen. Im Angesicht von 20 Jahren braucht man keine Heimat mehr. Wozu soll das gut sein, eine Heimat zu haben? Die Menschen hier sind freundlich. Ich spreche ganz passabel russisch inzwischen. Sie fragen nicht danach, wer ich bin. Ich auch nicht mehr.

Jetzt soll ich zurück. Zurück in mein altes Leben, in mein altes Ich, das ich nicht kenne. Ich lasse es hier, mein altes Leben. Wenn ich aus dem Zug steige, werde ich kein altes Leben mehr haben. Nichts von dem, der ich mal war, ist noch übrig.

Geliebte Elsa,

meine Gefühle für dich sind wahr, waren es immer. Du warst meine Heimat, meine Insel, an die ich mich klammerte, aus Angst zu ertrinken. Du warst die Zukunft. Ohne dich gibt es keine mehr für mich. Ich bin ein Schatten. Du allein sahst in mir einen Menschen. Nur du konntest mich sehen. Ich war nur der Beobachter. Ich beobachtete unser Leben, ohne teilzunehmen, als Fremder von außen. Ich war dein Mann, ohne zu spüren, wer und was ich bin. Ich fühle immer noch deine Liebe, dein Vertrauen in mich. Das hielt mich am Leben. Ich bin Vater zweier Söhne – ein tragisches Schicksal für die beiden, die keinen Vater hatten. Ich habe es so sehr versucht, für dich der Mensch zu werden, den du in mir sahst, ohne dass ich ihn spüren kann. Ich habe es nicht geschafft, aber du bist nie verzweifelt an mir, hast immer zu mir gestanden, hast mich geliebt bis zum letzten deiner Tage. Du warst mein Leben und hast es mit dir in den Tod genommen. Den Teil von mir, der nur lebte, weil es dich gab. Den anderen Teil, den der Krieg noch übrigließ, werde ich töten, solange ich es noch vermag, es aus eigener Hand zu tun. Mögen mit mir alle Menschen Ruhe finden, die durch meine Hand gestorben sind. Sie rufen jede Nacht nach mir. Ich bin jetzt bereit, ihnen zu begegnen.

In Liebe
Dein Johannes

Die Waffe liegt leicht in meiner Hand. So leicht hatte ich sie nicht in Erinnerung. Ich bin verwundert, wie leicht sie tatsächlich ist. Ich wiege sie in meiner Hand. Ich werde mich selbst erlösen, da es sonst niemand tut. Es braucht Mut, jemanden zu töten. Viel Mut, das weiß ich. Noch viel mehr Mut braucht es, sich selbst das Leben zu nehmen. Das Leben zu nehmen, denke ich, ist nicht die richtige Formulierung. Ein Leben hatte ich nicht. Auch das ist falsch und ungerecht gegenüber denen, die ihr Leben mit mir teilten, weil ich selbst keines hatte. Ihr Leben war meines. Ich war angedockt all die Jahre, an ihr Leben, und lebte es mit, ohne selbst ein Leben zu haben. Vielleicht. Ja, doch, so stimmt es für mich am ehesten. Was wird mich erwarten, denke ich, wenn ich es getan habe. Es ist mir egal. Ich möchte nur dieser unendlich schweren Leere entkommen, die übrigblieb seit Elsas Tod. Ich erwarte nichts Gutes, keine Gnade, keinen Himmel. An solche Konzepte glaube ich nicht. Ich glaube auch nicht an ein Leben nach dem Tod und ich hoffe, dass ich damit richtig liege, denn ich will nicht noch einmal leben. Nicht noch einmal. Ich erwische mich gerade, dass ich dafür bete. Lieber Gott, wenn es dich gibt, dann lass mich in Ruhe, lass mich einfach tot sein, lass es mich beenden ein für alle Mal. Elsa ist in deinem Himmelreich. Sie glaubte fest an dich. Für mich warst du immer ein Hindernis. Dich zu überwinden, kostete mich viel Kraft. Ich spreche zu dir, obwohl ich nicht an dich glauben möchte. An dich und deine Allmächtigkeit. Hast du mir mein Leben genommen für das der anderen, deren Leben ich beendete mit einem Schuss, durch Wegschauen, durch Angst, mein eigenes armseliges Leben zu verlieren? Wie oft hörte ich deinen Namen in der Zeit. Wie oft hörte ich die Gebete, das Flehen um Gnade. Wo warst du in jenen Jahren? Wie konntest du uns gewähren lassen? Ich hoffe, es zu verstehen, wenn ich tot bin. Das ist mein innigster und letzter Wunsch. Mit diesen Gedanken schlafe ich ein und warte. Als ich erwache, sitzt er wieder da, der Junge in den kurzen Hosen und dem zerschlissenen Hemd. Er sitzt auf meinem Bett und starrt mich an, die Pistole in der Hand. Doch diesmal ist es anders. Ich greife nicht nach der Pistole. Ich warte, bis die Stimmen die Dunkelheit meines Zimmers verlassen. Sie werden lauter, die Stimmen, sie kommen näher. Ich höre eure Stimmen deutlich. Jetzt seid ihr da. Alle steht ihr um mein Bett herum. Ich habe keine Angst. Ihr schaut mich an, doch nicht anklagend, sondern voller Liebe. Friede und Ruhe breiten sich aus in meiner Brust. Der Junge lächelt mich an. Sein Knie ist aufgeschlagen, er hat geweint. Er reicht mir die Pistole. Ich spüre seine Hand in der meinen. Es ist ein Gefühl, wie nach Hause zu kommen. Ich weine vor Glück und Dankbarkeit. Mit einem Schuss in meine rechte Schläfe erhalte ich mir diesem Moment für die Ewigkeit.

Berlin, November 1992 – Erinnerungen von Jakob

Es gibt kein Ende und keinen Anfang, wenn man abtaucht in die Vergangenheit. Zu diesem Schluss musste ich kommen, bei der Suche nach meinen Wurzeln. Immer tiefer hinab fühlt es sich an, immer tiefer hineingezogen, wie magisch in einen Bann geschlagen, beschäftige ich mich seit Wochen, seit Monaten, mit meiner Vergangenheit, meiner Identität, die hervorging aus der meines Vaters, meiner Mutter, deren Eltern und Großeltern. Meine Mutter hinterließ uns eine Art Testament, in der sie sich offenbarte, mit dem sie *losließ*, wie sie es nannte. Mit ihr und ihrem Schicksal fühle ich mich eng verbunden. Sie war ein Opfer des Faschismus geworden, als Kind verschleppt. Ihre Familie wurde auseinandergerissen. Der Vater ist verschollen, vermutlich tot. Die Mutter starb, als sie sich schützend über sie warf, bei einem Angriff deutscher Tiefflieger. Allein ihr Bruder Vadim überlebte, wenn man das so nennen kann, KZ und Krieg. Wie durch ein Wunder fand sie ihn 1946 hier in Berlin wieder, nach einem Jahr der Suche. So lernte sie meinen Vater kennen, noch bevor sie ihm begegnete. Willi, sein jüngerer Bruder, erzählte ihr von ihm. Mein Vater war Soldat bei der Wehrmacht und seit 1944 in russischer Kriegsgefangenschaft. Als Willi starb, versprach sie ihm, an seiner Stelle auf seinen Bruder zu warten, egal, wie lange es dauern würde. Das Versprechen hielt sie. 1953 war es dann so weit. Inzwischen arbeitete sie für das Deutsche Rote Kreuz. Sie war Krankenschwester geworden, wie ihre beste Freundin Anna-Maria. Als sie meinen Vater am Bahnhof empfing, wusste sie gleich, dass sie ihn begleiten würde bis zum Ende ihres Lebens. So beschrieb sie es uns.

Meine Mutter liebte meinen Vater sehr. Seine Vergangenheit war für sie unbedeutend. Sie muss etwas in ihm gesehen haben, was uns verborgen blieb. Sie verstanden sich wortlos, meine Eltern. Als Kind hatte ich eine Mutter, die mich über alles liebte, und einen Vater, den ich nicht erreichen konnte. Er lebte in seiner eigenen Welt und in der kamen wir nicht vor. So fühlte es sich an. Manchmal schaute er uns an, als wären wir fremde Kinder. Besonders mit mir fiel es ihm schwer. Georg, der den blonden Lockenkopf von ihm geerbt hatte, bekam deutlich mehr Aufmerksamkeit. Ich komme nach der Familie meiner Mutter und sehe aus wie ein Rumäne. Mich konnte er nie so ansehen wie Georg. Das tat weh. Ich fühlte mich ausgeschlossen aus ihrer Zweisamkeit. Während Georg eine – nach meiner Einschätzung – unbeschwerte Kindheit erlebte, lag ich im ständigen Kampf um Anerkennung mit unserem Vater. Ein ungleiches Kräfteverhältnis, welches er gewann, indem er mich übersah. In unserem antifaschistischen Arbeiter-und-Bauern-Staat fühlte ich mich ausgegrenzt, ohne zu wissen, warum. Ich hatte immer das Gefühl, nicht dazuzugehören, fand die anderen Jungen albern in ihren Uniformen. So gab es jede Menge Ärger mit mir, in der Schule und auch sonst. Ich eckte an, wo immer ich konnte. Georg dagegen war ein Mustersozialist. Er passte in das System wie Arsch auf Eimer und fühlte sich pudelwohl darin. Während ich rebellierte, marschierte er brav. Als ich fünfzehn war und meine erste große Liebe mit ihrer Familie in den Westen floh, wollte ich unbedingt hinterher. Meine Mutter hielt mich mit ihrer Liebe zurück, mein Vater ohrfeigte mich. Ich fasste den festen Entschluss, in den Westen zu fliehen, sobald ich volljährig war. Ich blieb.

Was wäre geschehen, wenn … diese Frage stelle ich mir oft und verbiete mir sofort, sie weiterzudenken. Das führt zu nichts als Schmerz und Leid, höre ich meine Mutter dann sagen: „Schau nach vorne, Jakob, nicht nach hinten!" Sie hatte recht. Für sie stimmte das, was sie sagte, doch für mich hinterließ es immer ein schwarzes Loch. So reihten sich Löcher an Löcher in all den Jahren, in denen ich nicht hinterfragen durfte, was ich wahrnahm. Ich stand allein gegen das System, das ich nicht verstand, nicht verstehen konnte, ohne die Vergangenheit zu kennen. Ein Staat ohne Vergangenheit, wie mein Vater, wie meine Mutter, wie ich.

Als sich mein Vater 1986 mit seiner alten Wehrmachtspistole erschoss, wurde sein Freitod von den Behörden zum Unglücksfall erklärt. Freitote gab es in der DDR nämlich nicht.

Wir alle wussten sehr genau, dass es kein Unfall war, fanden aber keinen Abschiedsbrief, der dies bewiesen hätte. Der Brief an unsere Mutter fiel mir erst nach Öffnung der Stasiakten in die Hände. Offenbar war er von der Volkspolizei gefunden und beschlagnahmt worden, wie vieles andere, was nicht sein durfte. Ich fand ein umfangreiches Dossier über meinen Vater, das mir viele Fragen beantwortete. Er war unter Beobachtung als Spätheimkehrer aus sowjetischer Gefangenschaft. Man wollte sichergehen, dass „etwaige nationalsozialistische Tendenzen im Keime erstickt wurden".

So erfuhren wir erst nach seinem Tod, wer mein Vater war. Die Stasi hatte gründlich recherchiert. Es scheint, sie kannten ihn besser als er sich selbst.

Valhalla – Erinnerungen von Johannes

Ich falle ins Bodenlose. Falle, falle durch die Zeit, die hier nicht existiert, die ich aber immer und immer wieder durchlebe, obwohl ich tot bin. Dem kleinen Jungen mit dem aufgeschlagenen Knie begegne ich auch hier. Ich schaue ihm zu, mal aus seinen Augen, mal aus denen meines Vaters. Die Berührung seiner Hand, das Vertrauen spüre ich noch. Dann schaut er mich an, aus seinen traurigen Augen, und ich sehe mich selbst. Ich verliere mich in seinem Blick und tauche wieder ein in mein Leben, durchlebe es erneut. Ich habe mich *eingewöhnt* hier in Valhalla, habe verstanden, wie es funktioniert – so glaube ich. Ich kann die Blickrichtung wechseln, als Beobachter oder Protagonist durchleben, was mich anzieht. Ich verändere das Erleben oder das Erleben verändert mich. Da gibt es keinen Unterschied. Ich begegne den Menschen auch hier, *ohne* ihnen zu begegnen. Ich bin *in ihnen* und sie sind *in mir*. Wir scheinen zu verschmelzen wie Schneeflocken, wenn wir uns begegnen – hier. Nicht alle gleichermaßen. Es gibt keinen Unterschied. Ich sterbe, ich lebe. Tod – Leben. Ich spüre die Leere, die Verzweiflung, die Wut und die Angst, als wären sie frisch entstanden, doch fühle ich sie nicht mehr. Sie kommen und gehen, kommen und gehen. Ich halte sie fest, lasse sie wieder los. Wut, Angst, Leere, Verzweiflung – alles eins – unwichtig. Vertrauen ist anders. Es breitet sich aus, wenn ich es spüre, es trägt mich *höher*. Liebe hat zwei Seiten im Leben und nur eine im Tod. Ich *verliere* die Erinnerung. *Ich bin Erinnerung.*

Berlin, November 1992 – Erinnerungen von Jakob

Das Studium der Akten macht mich nachdenklich. Ein innerer Vorhang zieht sich hoch beim Lesen. Ein Vorhang, nicht mehr so fein wie Spinnweben und doch so dicht, dass ich mein Innerstes nicht erkannte. Mein Innerstes, das sich *betrogen* fühlte, seit meiner Geburt.

Die Staatssicherheit sorgte dafür, dass wir Angst hatten. Also *wen* eigentlich *sicherte* die Staatssicherheit? Vieles ist so *selbstverständlich.* Die Staatssicherheit sicherte das Bestehenbleiben eines Staates, der neu geboren wurde aus dem Krieg, sich distanzierte vom braunen Faschismus, sich distanzierte vom Kapitalismus, sich distanzierte von der gesamten westlichen Welt. Wogegen musste sich dieser wunderbare, neu geborene Staat *sichern*? Der Westen bedrohte diesen Staat, der abgezwackt worden war aus einem großen Ganzen, einem ehemaligen Kaiserreich, einem dritten Reich, wollte ihn sich wieder einverleiben, um ihn zu verderben. Die junge, stolze, aufkeimende sozialistische Demokratie wusste dies zu verhindern, indem sie jegliche Tendenz einer Verbrüderung mit dem westlichen Feindbild im Keime erstickte. Dazu ist notwendig, zu wissen, wie die Staatsbürger *ticken*. Sind sie sozialistisch, antikapitalistisch genug, um das neue Land zu bewahren, es gar voranzubringen? Eine Ikone des Sozialismus, den kommunistischen Bruder im Rücken, der alles entwarf. Ein Spielfeld, auf dem wir die Figuren waren. Die Staatssicherheit würfelte, wer rausflog und wer bleiben durfte. Ein gigantisches Gefängnis, in dem wir uns *frei* bewegen durften. Umgrenzt von Stacheldraht und Wachtürmen. Ein Land ohne Verbrechen, ohne Neid, ohne Gier, ohne Reich und Arm. Ein glückliches Land. Es hätte funktionieren können, wenn nicht ein Gefängnis, statt nur einzusperren, auch *aussperren* würde. So fühlte ich mich zeitlebens in der DDR nie *ein-*, sondern *ausgesperrt*. Dieses sehr merkwürdige Gefühl, ausgesperrt zu sein, nicht *hinein zu* dürfen, ist ganz anderer Art, als jenes Gefühl, nicht *hinaus zu* dürfen. Die DDR schottete sich ab gegen die westliche Welt *oder* umgekehrt. „Die Türe ist zu, völlig gleich auf welcher Seite der Schlüssel steckt", sagte Georg immer. Ich fand das nicht egal, gehörte aber zu den wenigen Staatsbürgern, die diesen feinen, aber deutlichen Unterschied bemerkten. Als sich unser Staatsgefängnis im November 1989 öffnete, zeigte sich, auf welcher Seite der Schlüssel steckte. Im guten Glauben, die Öffnung der Mauer von *innen* heraus bewirkt zu haben, strömten die Menschen, die sich eingesperrt fühlten, hinaus in den Westen, um sich zu holen, was ihnen die ganzen Jahre oder gar Jahrzehnte *vermeintlich* verwehrt geblieben war vom sozialistischen Vaterland. Aber anders, als man es gemeinhin erwartet hätte, strömten nicht nur die Insassen nach draußen, sondern auch die wahren Gefängniswärter hinein, ganz schnell und unbemerkt im Zwielicht. Sie breiteten sich aus wie ein Schwarm Wanderheuschrecken und vertilgten alles, was antikapitalistisch war. Unser schöner junger Staat wurde einverleibt von der fetten Raupe des Westens, nur dass kein Schmetterling daraus werden wird. Zurückbleiben werden das kahle Blattgerippe eines verendeten Staates und ein paar weniger glückliche Menschen, die jetzt *frei*, aber heimatlos sind.

Mit der Öffnung der Akten der Staatssicherheit, denen, die übrigblieben, denen, die gelesen werden sollten, um das Feindbild des Kinder verschlingenden Staates aufrechtzuerhalten und einzuzementieren für zukünftige Generationen, schließt sich die BRD aus dem Kreis der Tatverdächtigen aus. Offenkundig. Alle starren bei der *Schuldfrage* auf die DDR-Führung, niemand schaut auf jene zurück, die vor über vierzig Jahren die Abriegelung des östlichen Teils von Deutschland beschlossen und besiegelten, um eine *Pufferzone* zu errichten zwischen dem immer noch bolschewistischen Osten und dem *freien* Westen.

Hitler hatte versagt bei der Entfernung des Kommunismus von der Weltkarte. *Man* hat ihn gewähren lassen, hat vielleicht sogar mehr getan als das. *Man* wusste, was er vorhatte. Es war offenkundig. Doch unterschätzte man ihn, dachte, man hätte ihn *im Griff.* Das war ein Irrtum, eine Überschätzung der eigenen Macht. Somit war man gezwungen einzugreifen, weil seine Macht zu groß wurde und er nicht einhielt, sich immer mehr einverleibte, was ganz und gar nicht im Sinne derer war, die ihn *gewähren* ließen.

Der *Kalte* Krieg zeigte schließlich die sich in Wahrheit gegenüberstehenden Mächte sehr deutlich. Das geteilte Deutschland in der Mitte zwischen Ost und West blieb aber ohne Zweifel in der Schuldfrage unangefochten an der Spitze – bis heute.

Ich fühle keine Schuld, weil ich sie nicht annehme, die Schuld, die ihr uns zugeschoben habt. Meinem Vater, mir und allen nachfolgenden Generationen. Schuld, die entstand, in dem Moment, in dem ihr euch *gezwungen* saht, einzugreifen, in dem Moment, in dem es aus dem Ruder lief. So viele Jahre hattet ihr darauf hingearbeitet. Hattet Hitler hofiert und protegiert, bis er selbst sich für unbesiegbar hielt und endlich tat, wofür ihr ihn auserkoren hattet. Ein riskantes Spiel, das ihr leider nicht gewonnen habt. Oder doch?

Was tut ihr nun, jetzt, wo die Pufferzone aufgelöst wurde? Was ist euer Plan nach der Verwestlichung der DDR, nach der Ausblutung des Sozialismus? Es sieht aus wie ein kleiner Sieg, nicht wahr? Ein kleiner Sieg, über den großen Feind im Osten, der geschwächt am Boden liegt. Der rote Bruder, dem man jede Hand ausschlug, weil er beharrlich blieb. Der rote Bruder, der seine Kinder frisst. Wie gerne hätte man auf seinem Grab getanzt. Wie gerne. Sei es drum. Sei es drum, die Welt dreht sich weiter.

Ich frage mich, ob ich recht habe. Mein Innerstes schreit *ja!* Mein Kopf sagt leise nein, lieber nicht. Sie drängt sich auf, die Wahrheit, wenn sie einmal erahnt wird. Sie drängt sich auf. Sie will raus, ans Licht.

Irgendwo 2001

Die westliche Welt ist im Schockzustand. Seit dem 11. September ticken die Uhren andersherum. Sie laufen rückwärts, beständig rückwärts. Merkwürdig, wie sich angesichts der Zeit, in der wir gerade *stecken,* das Erleben von Tod und Zerstörung verändert. Seht ihr es? Hört ihr es? Fühlt ihr es? Ein neues Jahrtausend ist angebrochen! Ein neues, altes Feindbild steigt aus verstaubten, vergessenen alten Särgen hervor und alle starren darauf. Es ist notwendig in der neuen Zeit, sich auf Altbewährtes zu besinnen. Die *Zeiten* haben sich nicht geändert, *wir* sind geblieben. Die alte Schuld hält uns noch gefangen. Die Angst, entdeckt zu werden, ist noch da sowie die Gier nach Schuldzuweisung. Es macht die eigene Schuld kleiner, wenn niemand mehr hinsieht. Wen kümmert noch, was im letzten Jahrhundert geschah? Jene, die sich erinnern? Die sind bald tot! Warte, warte noch ein Weilchen ... dann läuft es über.

Valhalla

Der Tod beendet das Leben, das Ein- und Ausatmen. Der Tod verbindet euch mit dem Vergangenen, hält euch fest, solange ihr *erinnert*. Die Furcht vor dem Tod hält euch am Leben. Die Furcht besiegt den Tod nicht. Er steht unabwendbar am Ende des Lebens. Mal endet es schnell und früh, mal endet es langsam und spät. Im Schlaf sterben, einfach hinübergleiten in den Tod, ohne ihn zu bemerken, ohne Bewusstsein, dass dies das Ende ist. Herausgerissen werden, plötzlich, ohne Schmerzen, ohne Furcht. Den Tod verdrängen, bis er sich aufdrängt und zur Gewissheit wird. Der Tod ist dunkel, kalt und einsam. Was, wenn ihr euch irrt?

Der Tod ist ein *Seinszustand*, wie das Leben ein Seinszustand ist, ein dynamischer Zustand in beständiger Veränderung. Euer Sein ist nicht an den Körper gebunden, den ihr verlasst mit eurem Tod. Euer Sein bleibt. Das *Leben nach* dem Tod beginnt im Licht und nicht in der Dunkelheit.

Hier endet das Gefühl der Einsamkeit und beginnt das Gefühl der *Einheit*. Hier endet die Furcht, die Wut, der Neid, die Gier. Der Tod befreit euch von diesen Gefühlen und gibt euch zurück, was ihr dort ließt vor eurer Geburt. Das, was ihr zurückließt, um leben zu können als Mensch. Das Wissen um die *Unsterblichkeit* eurer Seele und eures Geistes.

Berlin, November 1993 – Erinnerungen von Jakob

Nationalsozialisten hatten wir in hier nicht. Die waren ausgesperrt worden mit dem Bau der Mauer, die waren in den Westen verbannt. Diejenigen, die sich auf die richtige Seite der Mauer gerettet hatten, waren die Antifaschisten. Die braune Suppe wurde kurzerhand in einen anderen Topf gegossen und als rote Suppe verkauft. *Verkauft*.

Das Gefühl, verkauft worden zu sein, auf dem Grabbeltisch gelandet zu sein, an dem sich alle um die besten Stücke rangeln, kroch in mir hoch, schon kurz nach der deutschen *Wiedervereinigung*. Die Wiedervereinigung. Es kommt wieder zusammen, was zusammengehört. Doch werden hier nicht gleiche Teile wieder zusammengeführt zu einem *heilen Ganzen*. Vielmehr erscheint es mir, als ob wir eingeschmolzen werden, um als Kitt zu dienen, für die Löcher und Risse des anderen Teils. Einem Feldzug gleich vereinnahmt werden wir. Keiner interessiert sich für uns Menschen. Keiner will uns haben. Die Willkommensrufe waren schnell verhallt. Die Feierstimmung verklungen, nach dem Rausch des vermeintlichen Sieges über das sozialistische Staatsgefängnis. Wer jetzt nicht achtgibt, wird betrogen. Mich trifft es nicht. Unsere Familie besitzt nichts, was die von drüben haben wollen. Ich fühle mich nackt, muss mir überlegen, welchen Anzug ich mir überziehe und wohin ich *passen* will. Scheiß unbequem ist das. Scheiß unbequem sind wir, die nicht „Hurra" schreien und dem Konsumrausch verfallen, die sich nicht gerettet, sondern überfallen und enteignet fühlen.

Das Volkseigentum wird *privatisiert*. Investoren aus dem Westen sollen unsere *maroden* Firmen übernehmen. Alles marode, veraltet, nicht wettbewerbsfähig. Wir hatten keinen Wettbewerb, keine Aktionäre, die ihr Kapital vermehren wollten, im Mutterland des Antikapitalismus. Was wird bleiben, wenn die Wiedervereinigung vollzogen ist? Wer wird bleiben? Einige große Firmen wurden schon geschlossen, nicht wettbewerbsfähig sind sie, mit den Großen im Westen. Da macht man sie einfach zu. Setzt die Leute auf Straße. Ist halt so. Geht nicht anders. Die Zeiten haben sich geändert, außerhalb der Mauern. Das macht den Leuten hier zu schaffen, aber euch schert es nicht. Die Menschen hier waren euch eh scheißegal. Nur ihr Besitz, ihr Land, ihr Hab und Gut wolltet ihr! Die großen Herren in Politik und Wirtschaft! Ich kotze!!! Seht euch an, wie ihr euch feiert. Hier ist die Feierstimmung längst verflogen. Ernüchterung hat sich breitgemacht. Jene, die können, hauen ab. Jene, die eine Chance wittern, im Westen Fuß zu fassen. Doch weit gefehlt, wer glaubte, da hätten sie Bedarf an *ostdeutschen Facharbeitskräften*. Weit gefehlt! Umschulungen sollen sie machen, Abschlüsse nachholen, dann vielleicht, vielleicht auch nicht, bekommen sie einen Job. Wohnungen sind teuer, alles ist teuer da drüben. Es gibt zwar alles, aber wer kann es sich auch leisten? Die ersten sind schon in die große Schuldenfalle getappt, mit Krediten, Leasing, Ratenkauf. Die wussten gar nicht, wie ihnen geschieht. Nicht wenige sind schon zurück und hätten die Mauer am liebsten wieder. Tja, Leute, die Chance ist wohl vertan!

Die Stasi ist weg, die Mauer ist weg, wir sind *frei*! Seid dankbar, liebe Landsleute, seid dankbar, dass wir *frei* sind.

Berlin, November 1996 – Erinnerungen von Jakob

Manchmal habe ich genug vom Leben. Manchmal habe ich genug. Ich frage mich, wozu das alles, suche nach einem Sinn. Ob ich einen finde oder nicht. Ich denke über den Tod nach, über meinen Vater, der sein Leben beendete, mit eigener Hand, mei-

ne Mutter, die das Leben liebte, aber dennoch starb. All die Toten, die Opfer, die Täter des Zweiten Weltkrieges, die zerstör-
ten Leben, Hoffnungen, Lieben. Wozu das alles? Ich finde keine
Antwort, die mich befriedigt. Die mich weiterleben lassen möchte. Ich schäme mich, fühle mich schuldig, denen gegenüber, die
leben möchten und nicht die Wahl haben. Ich fühle mich schuldig gegenüber meiner Mutter, wie ein Verräter ihrer Liebe zum
Leben. Mein Vater hat es ausgehalten – ihr zuliebe, glaube ich.
Ich neige zur Schwermut meines Vaters, *ohne* einen Grund dafür zu haben. Das macht es so schwer. Es gibt für mich nichts
auszuhalten, außer dem Leben selbst. Muss ich es aushalten?
Wer hindert mich, es zu beenden? Niemand. Außer Georg habe
ich niemanden, der mich hindern könnte. Ich hasse mich selbst,
fühle mich schwach. Ein Jammerlappen. Ich wünschte, ich wäre
unheilbar krank, dann hätte ich wenigstens einen Grund vor mir
selbst. Aber ich bin nicht krank, ich bin gesund und lebe. Kein
Krieg in Sicht, in den ich ziehen könnte, um heroisch zu sterben.

Schwachsinn! Der Tod hat nichts Heroisches – kein Tod ist
heroisch. Ist mir auch egal. Ich habe nicht das Zeug zum Helden. Ich sitze zwischen verstaubten Ordnern und sichte und
ordne unsere Vergangenheit. Je mehr ich sichte, ich lese mehr,
als ich ordne, aber niemanden kümmert es, was ich hier im
Kellerarchiv tue, desto mehr begreife ich die weltpolitischen
Zusammenhänge. Es ist fast so wie bei einem Mordfall, wenn
sich die Indizien häufen und schließlich ein Bild entsteht von
der Tat und den Beweggründen, die dazu führten. Meistens
sind es Neid und Habgier oder Angst. Ich tauche ein und tauche wieder auf. Das Auftauchen ist immer wieder eine Qual.
Ich möchte bleiben im Innern der Vergangenheit. Sie ergründen, sie verstehen. Ich suche nach einem Grund, um weiterleben zu wollen. Ich denke, die Wahrheit muss ans Licht, jeder
hat ein Recht darauf, zu wissen, was wahr ist. Doch scheint es
nicht „im Interesse der allgemeinen Öffentlichkeit zu liegen",
die Wahrheit zu offenbaren. Die Wahrheit. Steht sie hier geschrieben oder nicht? Ich fühle, wie sich innerlich etwas öffnet, wenn ich lese, wie sich Klarheit einstellt, also denke ich,

dass es wahr ist. Und trotzdem muss ich weitermachen. Nach Hause gehen, essen, schlafen, mit Menschen sprechen, die mich nicht interessieren, die nicht in meiner Welt leben, nicht mal etwas darüber wissen wollen. Die Neugier ist mein Antrieb – *alles* will ich wissen. Ich habe begonnen zu recherchieren und wurde süchtig nach mehr. Es ist nicht mehr aufzuhalten, wie ein Strudel, der mich mit sich reißt. Mein Leben spielt sich ab in der Aufarbeitung der Vergangenheit. Ich spüre den Drang, das innere Wissen, dass mein Leben davon abhängt, dass ich erst gehen kann, wenn ich alles verstanden habe. Erst dann werden Ruhe und Frieden einkehren in meinem Inneren. Seit der Ausstellung über die Verbrechen der Deutschen Wehrmacht hat mich der Krieg in seinen Bann geschlagen, wie ein Rauschmittel. Ich sehe die Welt durch die Brille der Vergangenheit und erkenne mehr und mehr die Gegenwart. Ich beginne zu verstehen. Ich lese alle Bücher, denen ich habhaft werden kann, die verboten waren all die Jahre. Ich lese Zeitzeugenberichte. Ich gehe zu Vorträgen, ich höre zu. Es tut so unendlich gut, *zuzuhören*. Ich werde nach Rumänien reisen. Ich möchte das Land spüren, das Land, von dem meine Mutter sprach, wenn ihre Augen leuchteten vor Heimweh. *Ich muss es spüren*. Es drängt mich danach, die Luft zu atmen, die sie als Kind umgab. Vadim ging zurück in seine Heimat. Er wollte nicht hierbleiben, *wollte wissen*, wie ich. Anna-Maria ging nach Israel. Sie folgte ihrer Familie. Meine Mutter hatte immer Kontakt zu ihr. Sie schrieben sich. Meine Mutter erzählte mir von den beiden, die ihr Leben waren, bis mein Vater aus dem Krieg heimkehrte und es ausfüllte. Ich möchte Vadim sehen, mit ihm sprechen, solange es noch geht. Er lebt in Bukarest, hatte eine eigene Werkstatt und blieb allein, soweit ich es erinnere. Meine Mutter sagte, dass er mit seinen Dämonen zu kämpfen hätte, die ihn verfolgen. „Du bist ihm so ähnlich, nicht nur äußerlich", sagte sie oft, wenn sie mir von ihm erzählte. Ich möchte sie kennenlernen, die Dämonen, möchte ihre Wurzeln kennenlernen und hoffe, dabei insgeheim die meinen zu finden.

Bukarest im Frühjahr 1997 –
Erinnerungen von Jakob

Wir sitzen zusammen, Vadim und ich. Nach so vielen Jahren lerne ich ihn endlich kennen, den großen Bruder meiner Mutter. Er ging zurück in seine Heimat, noch vor meiner Geburt, und dennoch ist er mir vertrauter als mein Vater es je war. Vielleicht, weil Mutter ihn uns immer gegenwärtig hielt. Sie las uns seine Briefe vor – sicher nicht alles, was darin stand –, aber genug, dass er vor unseren inneren Augen lebendig wurde. Vadim freute sich von Herzen, mich zu sehen. Seit knapp einer Woche bin ich jetzt hier. Wir fuhren gemeinsam in seine und meiner Mutter Heimat. Er zeigte mir, wo sie einst als Kinder lebten, wo ihr kleiner Hof gestanden hatte. Auch wenn da jetzt nichts mehr ist, wie es einmal war, kann ich es mir vorstellen. Meine Mutter hat es uns so oft beschrieben, dass ich es kennen und lieben lernte, ohne jemals dagewesen zu sein.

Nach seiner Rückkehr, so erzählt er mir, suchte Vadim nach seinem Vater und dem Grab seiner Mutter. Er fand beide nicht. Sie blieben spurlos verschwunden, als hätten sie niemals existiert. Immerhin konnte er irgendwann seine Großeltern, meine Urgroßeltern, ausfindig machen, die es tatsächlich nach Israel geschafft hatten. Er erzählt mir, dass sie eines Tages mit großen Koffern dastanden, sein Vater sich aber zum Bleiben entschied, und damit sein Schicksal und das seiner Familie besiegelte.

In den ersten Tagen erzählt er und ich höre zu. Es tut so gut, zuzuhören und langsam einzutauchen ins Verstehen. Ich frage nicht nach, habe kein Bedürfnis nachzufragen, noch tiefer einzudringen in die Vergangenheit, von der Vadim mir erzählt. Wir sitzen zusammen auf der Ofenbank. Wenn Vadim nicht erzählt, dann schweigen wir gemeinsam. Wir brauchen die Zeit der Stille, um die gewaltigen Erinnerungen mittragen zu können.

„Ich bin auf der Suche", sage ich zu ihm, „auf der Suche nach meinen Wurzeln. Ich habe das Gefühl, dass die Erinnerungen meiner Familie in mir leben und mich nicht loslassen, solange ich sie nicht kenne." Er nickt nur und schaut mich aus klugen, warmen Augen an. Ich mag ihn sehr und bedaure in manchen Augenblicken unseres Beisammenseins, ihn nicht schon viel früher kennengelernt zu haben. Ich erzähle ihm von den Stasiakten und dass ich dort erst über meinen Vater erfuhr, was uns Kindern verschwiegen wurde. „Ich habe so viele Fragen, aber anstelle von Antworten, fand ich noch mehr Fragen, je tiefer ich vordrang. Ich stieß allerseits auf wenig Verständnis mit meinen Recherchen über den Krieg, weil ich mich nicht zufriedengebe mit dem, was leicht zu erfahren ist. Ich will mehr wissen – viel mehr, damit ich es verstehen kann!", sage ich.

Vadim hört mir schweigend zu. Ich sehe in seinen Augen, dass er mich versteht. „,Lass die Toten ruhen' ist leichthin gesagt. Denn sie ruhen nicht, die Toten. Sie besuchen mich in meinen Träumen. Sie sind so gegenwärtig wie du, Jakob. Ich lebe mit ihnen und sie mit mir. Sie kommen zu jenen, die bereit sind, sich ihnen zu widmen. Sie spüren es", sagt er schließlich.

In meinem Kopf taucht ein Bild auf aus längst vergangener Zeit. Aus einem Buch, das ich mal las. Die Toten suchten darin jene heim, die Schuld waren an ihrem Tod. Sie griffen in der Nacht nach ihnen, ließen ihnen keine Ruhe mehr. „Aber du bist nicht schuld an ihrem Tod, Vadim. Du warst selbst ein Opfer", sage ich, das Bild vor Augen. „Wieso kommen sie zu dir?", möchte ich wissen.

„Ich weiß es nicht. Ich glaube, es geht ihnen nicht um Schuld oder Unschuld. Sie kommen, weil sie *gesehen* werden möchten. Es ist heilsam auf irgendeine Weise, wenn ich sie anschaue. Für sie und auch für mich", antwortet er.

„Sind es immer dieselben Menschen, die dir im Traum erscheinen?", frage ich weiter.

„Ja und nein. Manche verändern sich im Laufe der Zeit, manche gehen und kommen nicht wieder. Sie entfernen sich immer weiter", antwortet er. „Du kennst die Geschichte von *Valhalla*? Elsa wird sie dir erzählt haben?", fragt er zurück.

„Ja, sie sagte uns immer, dass man mit leichtem Gepäck nach Valhalla reisen sollte, damit man gleich einen Zug bekommt.

Die Geschichte hörten wir als Kinder oft, vor allem dann, wenn wir etwas angestellt hatten und es nicht zugeben wollten. Damit entlockte sie uns unsere Missetaten. Zuletzt sprach sie vor ihrem Tod davon und übergab uns ihre Erinnerungen in Form eines Tagebuches. Sie hatte alles aufgeschrieben und bat uns, es nach ihrem Tod zu verbrennen, um die Erinnerungen zu erlösen", erzähle ich Vadim.

„Elsa war ein beeindruckender Mensch. Ihre Liebe zum Leben, zu eurem Vater, zu euch, trotz all des Leides, das ihr widerfuhr, war mir lange unbegreiflich. Da war kein Hass, keine Schuldzuweisung von ihrer Seite. Sie wollte ihr Herz nicht brechen lassen. „Ein gebrochenes Herz kann nicht mehr lieben, Vadim", sagte sie einmal zu mir. In all dem Leid hatte sie Gutes erfahren, Menschen getroffen, die ihr halfen, sie aufnahmen, sie annahmen. Das hat sie gerettet, hat ihre Seele heilen lassen und ihr Herz davor geschützt, zu zerbrechen. – Einzig das Kind, welches man ihr nahm, konnte sie nicht vergessen", erinnert Vadim.

„Hat sie nie versucht, es zu finden?", frage ich nach.

„Nein, das hat sie meines Wissens nie versucht. Sie glaubte fest daran, dass es besser für das Kind ist, nicht zu wissen, wer seine wahren Eltern sind", fährt Vadim fort.

„Ich glaube, da irrte sie sich. Jeder Mensch möchte wissen, wer seine Eltern sind. Es macht uns aus, unsere Wurzeln zu kennen", entgegne ich ihm.

„Vielleicht hast du recht, vielleicht auch nicht. Wurzeln können einen wachsen lassen, aber auch festhalten", meint er darauf.

„Du meinst, wenn man mit seiner Vergangenheit nicht abschließen kann, kann man nicht in die Zukunft gehen?", frage ich zurück. „Das sagte Mutter auch immer", erinnere ich mich laut.

„*Abschließen* ist das falsche Wort. Ich würde sagen, dass wir uns mit unserer Vergangenheit *aussöhnen* müssen, sie annehmen als Teil unseres Selbstbildes. *Abschließen* ist eine Form von Verdrängung und das erscheint mir der falsche Weg zu sein. Verdrängen lässt sich die Vergangenheit nicht, sie kommt immer wieder nach oben und will gesehen, erinnert und verstanden werden, wie die Toten. *Die Toten ruhen zu lassen*, ist nicht in ihrem Sinne, wenn es meint, sie zu vergessen, sie abzuschneiden mit der Vergangenheit", erklärt Vadim.

„Wer sind *die Toten*, was wollen sie?", frage ich nach.

„Es sind *meine* Toten, die ich rufe. Niemand kommt ungebeten. Sie zeigen mir ihr Gepäck. Lassen mich hinsehen", antwortet er.

„Was siehst du?", frage ich weiter.

„Ich sehe, was sie festgehalten haben. Viele kommen immer wieder und zeigen mir, was sie erlebten. Ich erlebe es an ihrer Stelle im Traum, als wäre ich *in* sie eingedrungen, als würde ich aus ihren Augen schauen", berichtet er.

„Macht es dir keine Angst?", will ich wissen.

„Als die Träume begannen, empfand ich sie zunächst als sehr belastend. Ich wachte schweißgebadet auf in der Nacht und musste erst einmal begreifen, dass es *nur* ein Traum war. Jetzt weiß ich, dass es nicht *meine* Träume sind, sondern *ihre*. Sie *erleben* durch mich ihr Leben noch einmal – nicht das ganze Leben, aber die Teile, die sie prägten. Nach und nach wird ihr Gepäck leichter und sie werden *durchscheinender*. Das meinte ich, als ich sagte, dass sie sich entfernen. Deine Urgroßmutter hätte gesagt, dass sie den Zug genommen haben. Ich glaube, dass sie das damit meinte. Ich bin eine Art *Brücke* für sie", berichtet er weiter.

„Wieso kommen sie zu *dir*?", frage ich ihn.

„Ich habe Valhalla betreten und kehrte wieder zurück. Ich glaube, das ist der Grund, warum ich mit ihnen Kontakt habe. Ich denke, meine Großmutter hatte diese Gabe auch. Sie konnte mit den Toten reden. Als Kind fand ich es ganz normal, wenn sie davon erzählte. Zugang erhielt ich aber erst, nachdem ich selbst einmal dort gewesen war. Ich denke, dass sie mich deshalb erreichen können", erklärt er.

„Erzähl mir mehr von Valhalla!", bitte ich ihn.

„Valhalla ist kein Ort und schon gar kein Bahnhof, wie unsere Großmutter es immer beschrieb. Für uns Kinder war es aber ein wunderbares Bild. Wir konnten es uns vorstellen und auch, wenn die Vorstellung nicht voll der Wahrheit entspricht, so enthielt sie schon ein bisschen Wahrheit. Ich war ja gewissermaßen auf der Durchreise, sonst wäre ich heute nicht hier.

Was ich erinnere, ist Leichtigkeit. Ich verließ meinen geschundenen Körper und mit ihm die Schmerzen, die er verursachte. Mein Geist klärte sich auf eine Weise, die ich nie wieder in der Form erlebte. Alle Gedanken endeten und es war, als öffne sich meine Wahrnehmung, ohne eine Beschränkung von Raum und Zeit. Ich sah mich liegen oder vielmehr meinen Körper, denn in dem Augenblick war ich getrennt von ihm. Erst reduzierte sich alles auf diesen Körper und das, was er erlebte und ich in ihm. Mein Leben spulte sich vor mir ab. Ich konnte verweilen oder weiterschauen, springen, auslassen, was immer ich erneut erleben wollte. Ich war sehr mit mir beschäftigt und nahm nichts weiter wahr als mein erneutes Erleben. Ich war noch sehr dicht dran, würde ich heute sagen, noch sehr dicht am Leben. Es war eine Erlösung, den Körper zu verlassen, und obwohl es, rein zeitlich betrachtet, nicht lange gewesen sein kann, dass ich tot war, erschien es mir, als erholte sich mein Geist und erweiterte sich meine Wahrnehmung bleibend. Ich spürte, wie man meinen Körper hochzog und dass es Zeit wurde, zurückzukehren, wenn ich noch bleiben wollte. Ich habe seitdem keine Angst mehr vor dem Tod, er ist sanft und nicht grausam. Grausam ist das Sterben, die Trennung vom Leben fällt schwer, deshalb wird es als leidvoll erfahren. Der Augenblick des Todes ist Leichtigkeit. Ich wäre gerne länger geblieben, aber das Leben zog mich zurück. Als mein lebloser Körper berührt wurde, durchflutete mich mit einem Mal der Wunsch, zu leben. Es war, als wäre ein Deich gebrochen und ich würde wieder hineingespült. So war der erste Atemzug wie der eines Ertrinkenden, der an die Oberfläche kommt und nach Luft schnappt", erzählt Vadim.

Ich höre gebannt zu. Eine neue, unbekannte Welt öffnet ihre Türen und ich will mehr davon wissen. Vadim fährt fort, ohne aufzusehen.

„Valhalla ist nach meinem Verständnis ein Zustand, in dem wir sind, wenn wir den Körper verlassen. Wir sind noch dieselben, die wir waren, und sind es auch nicht mehr. Wir betrachten uns von oben und erleben unser vergangenes Leben erneut, aber aus unterschiedlichen Perspektiven. Ich konnte durch meine Augen sehen, durch meine Ohren hören, durch meinen Körper fühlen, aber auch distanziert, aus weiter Ferne das Geschehen betrachten, als Zuschauer gewissermaßen. Ich sah mich und wusste zugleich, dass ich es war, den ich betrachte, verstehst du, was ich meine?", fragt er mich.

„Irgendwie schon, denke ich", antworte ich ihm und frage gleich: „Was war mit den anderen? Hast du andere Menschen wahrgenommen?"

„Ja und nein. Ich sah ihnen zu, doch schienen alle, die ich wahrnehmen konnte, sehr mit sich selbst beschäftigt zu sein. Es gab keinen Kontakt zu ihnen, so als wären sie in ihrer eigenen Zeit, in ihrem eigenen Raum unterwegs. Hier war ich ein Betrachter aus weiter Entfernung. Es kam mir falsch vor, ihnen länger zuzusehen, irgendwie war ich ja nur ein *ungebetener Gast*", erzählt Vadim weiter.

Ein ungebetener Gast. Die Formulierung bleibt mir im Kopf hängen und findet dort einen Widerhall. Das trifft es! Genauso fühle ich mich zeit meines Lebens.

Vadim spricht weiter: „Das Erleben meines eigenen Todes hat meine Wahrnehmung *rückwirkend* verändert. *In der Zeit* habe ich viele Menschen sterben sehen. Damals kam es mir grausam vor, ich sah ihr Leid, ihre Schmerzen, ihre Angst. Was ich nicht wahrnehmen konnte, bevor ich es selbst erlebte, war die Leichtigkeit, die sich ausbreitet, wenn das Leben den Körper verlässt. Mir war der Tod willkommen, aber vorbereitet war ich nicht."

„Bist du es jetzt?", frage ich.

„Ich denke, dass ich es jetzt bin – ja", antwortet er.

„Was empfindest du heute, wenn du zurückdenkst an *die Zeit*, wie du sie nennst?", will ich von ihm wissen.

„Dankbarkeit. Ich erinnere mich gerne an Karol, der mir das Leben mehr als einmal rettete. Ich denke an die Menschen, die mich aufhoben, als ich tot am Wegesrand lag, die mich mitnahmen und pflegten, bis ich wieder bei Kräften war. Ich denke an Anna-Maria, die jahrelang eingesperrt und versteckt auf dem Dachboden den Krieg überlebte, an Willi, deinen Onkel, nach dem du benannt wurdest, der seinen Bruder nie aufgab. All diesen Menschen wäre ich niemals begegnet, wenn es *die Zeit* nicht gegeben hätte. Dich gäbe es im Übrigen auch nicht", antwortet er.

„Empfindest du keinen Schmerz, wenn du an all das Leid denkst, das du erlebtest?", frage ich weiter.

„Das Leid ist ebenso gegenwärtig wie die Freundschaft, der Mut und die Liebe, die ich erlebte. Ich habe gelernt, richtig hinzusehen, mich nicht blenden zu lassen von dem, was sich in den Vordergrund drängt. Es ist unsere Wahrnehmung, die die Welt verändert, und nicht umgekehrt, verstehst du? Viele sind *in der Zeit* geblieben. Sie zogen es vor, dortzubleiben und sich jenen zu widmen, deren Tod sie erlebten oder verursachten. Dein Vater war einer von ihnen. Er konnte sich nicht für das Leben entscheiden und blieb in der Zeit. Er hielt sie fest, und damit das Leid und den Schmerz, den er erlebt hatte. Ich kann ihn verstehen. Es ist leichter für die Opfer als für die Täter, das Erlebte loszulassen. Es ist leichter, anderen als sich selbst zu vergeben. Mit dem Krieg endete für die Opfer das Leid, für die Täter begann es. Vor allem für jene, die sich mit dem, was sie taten, identifizierten. Für manche brach alles zusammen, woran sie geglaubt hatten, andere halten noch heute an ihrem Glauben fest, um sich zu schützen. In Deutschland ging man nach dem Krieg zur Tagesordnung über. Die Trümmer wurden beseitigt und mit ihnen die Erinnerung. Nichts wurde aufgearbeitet, alles blieb liegen. Die Kriegsgeneration sollte nach vorne schauen, ihre Toten ruhen lassen. Dazu kam noch die Frage der Schuld, die viele nicht beantworten konnten und wollten. Aber sie wurde festgestellt und zugewiesen von denen, die den Krieg *gewannen*. Es gab ein paar Prozesse hier und da, aber der Anteil der Verurteilungen war gering. Die meisten flohen, wollten sich ihrer Verantwortung nicht stellen. Die meisten Deutschen wollten es auch gar nicht wissen. Sie wollten Frieden. Kann man ihnen das verdenken? Alle hatten viel verloren. Alle hatten Tote zu betrauern oder Täter in der Familie. Viele hatten weggeschaut, es nicht sehen und hören wollen, was da vor sich ging. Sie hatten vertraut und wurden belogen. Erst zu spät wachten viele Menschen auf. Im Nachhinein über sie zu urteilen, sie zu beschuldigen, weggeschaut zu haben, es zugelassen zu haben, ist leicht, wenn man es nicht selbst erlebt hat", erinnert er.

„Was denkst du, macht es mit den Menschen, beschuldigt zu werden, und was macht es mit denen, die andere beschuldigen?", fragt er mich dann.

„Es verändert ihre Wahrnehmung", antworte ich intuitiv. „Es verändert die Wahrnehmung und die Gefühle, die sie sich selbst und anderen entgegenbringen."

„So ist es. Die Opfer werden als unschuldig wahrgenommen. Ihnen wurde Leid zugefügt, ohne dass sie es verursacht haben. Verstehst du? Ohne dass sie es *verursacht* haben! Im Dritten Reich waren die Opfer die Täter und umgekehrt. Die Wahrnehmung war andersherum! Die Juden waren schuld, die Bolschewisten waren schuld. Sie waren die Täter, die verurteilt wurden, weil sie die Wirtschaftskrise in Deutschland verursacht hatten", entgegnet er mir.

„Aber das stimmte doch nicht!", entfährt es mir.

„Doch, es stimmte. Damals stimmte es, denn es war die propagierte Wahrnehmung. Plötzlich konnten es alle sehen, es alle glauben, die es wollten und die einen Schuldigen suchten für ihr Leid. Und da waren die Deutschen beileibe nicht die einzigen auf der Welt, die das für die Wahrheit hielten, was sie wahrnehmen konnten und wollten. Überall auf der Welt wurden und werden Menschen beschuldigt, für das Leid von anderen verantwortlich zu sein. Überall gab und gibt es Opfer und Täter. Was macht es mit dir, ein Opfer zu sein? Was macht es mit dir, ein Täter zu sein?", fragt er wieder.

„Es verändert meine Wahrnehmung", antworte ich wieder. „Es verändert meine Wahrnehmung und die Gefühle, die ich mir selbst und anderen entgegenbringe."

„So ist es", schließt er und schaut mich an.

Ich beginne damit, es zu verstehen, denke ich. Ich beginne erst ...

Ich bin weder Opfer noch Täter und dennoch fühle ich mich nicht willkommen in meinem eigenen Leben. Nicht willkommen von mir selbst. Ich denke, es ist verrückt und vollkommen unverständlich, doch genauso ist es, wie ich es fühle. Ich fühle mich unwillkommen von mir selbst in meinem eigenen Leben. Wie ein ungebetener Gast komme ich mir vor, der zufällig vorbeikommt, aber ungelegen ist. Ich passe nicht in diese Zeit, nicht in diese Familie. Es kam mir immer unwahr vor, so als müsste bald der Vorhang hochgezogen werden und alle müssten sich verbeugen. In meinem Inneren war ein so tiefes Verlangen nach Wahrheit, die ich nicht spüren konnte, die nicht greifbar war. So blieb es ein Gefühl, das mich begleitete und unbewusst auch leitete. Um Wahrheit zu spüren, ging ich in die Opposition zu dem, was ich als unwahr empfand. In dieser Haltung widersetzte ich mich der Unwahrheit. In dieser Haltung hatte ich einen Bezug zu mir selbst, oder bildete mir zumindest ein, einen solchen zu haben. Als die Mauer fiel, hoffte ich, dass der Vorhang endlich fällt. Ich hatte geglaubt, dass hinter der Mauer die Wahrheit liegt, die Welt, in der ich mich lebendig und richtig fühlen kann. Stattdessen zeigte sich, dass hinter dem Vorhang eine noch größere Bühne verborgen war. Immerhin machte es unsere Bühne kleiner – im Verhältnis. Das Theater ging weiter, nur die Intendanten wurden ausgetauscht. Es blieb Theater – selbst als die Stasiakten öffentlich zugänglich wurden, wollte man damit nur den Anschein von Wahrheitsfindung und Aufarbeitung erwecken. In Wahrheit war es nur ein neuer Akt im alten Stück. Die DDR war Geschichte. Das Stück wurde verrissen, nachdem es vierzig Jahre auf dem Spielplan gestanden hatte. Das *neue* Stück vom wiedervereinten Deutschland ging an den Start. Doch so neu war es nicht. Auch dieses Stück hatte schon vierzig Jahre auf dem Buckel. Vierzig Jahre Stillstand. Man hatte einfach auf die Stopptaste gedrückt nach dem Krieg und einen neuen Film eingelegt. Die Chance zur Aufarbeitung des gesamtdeutschen Traumas *Krieg* wurde abermals vertan. Die Ausstellung über die Verbrechen der deutschen Wehrmacht zeigte überdeutlich, wie wenig Aufarbeitung stattgefunden hatte. Man hatte wohl geglaubt, dass man einfach abschließen könnte mit dem Krieg. Doch der ließ sich nicht einfach wegschließen und vergessen. Bei uns im Osten ist man noch radikaler damit umgegangen als im Westen, aber die Erinnerungen der Menschen blieben auch bei uns, ob sie darüber sprachen oder nicht, sie waren gegenwärtig! Ich fühle mich betrogen um meine Vergangenheit, meine Identität. Denn es ist auch meine Vergangenheit und nicht nur eure, die ihr den Krieg erlebt habt. Es ist auch *meine*. Ich bin weder Opfer noch Täter, doch fühle ich es überdeutlich, das Trauma, das auf uns allen lastet. Auf uns wie auf euch, die es erschaffen haben. Ich bin traumatisiert und darf es nicht rechtmäßig sein, weil ich nicht erlebt habe, was ihr erlebtet. Doch erlebe ich euer Schweigen, eure Lügen, euer Ausweichen, eure Verdrängung, gleichsam als ob ihr *mir* etwas verschweigt, *mich* belügt, als ob ihr *mir* ausweicht und *mich* verdrängt. Ihr habt uns ausgeschlossen, euch getrennt von der Wahrheit und damit von uns, denn ihr habt uns eure schöne neue Welt als wahr verkauft, wolltet uns glauben machen, dass es kein Trauma gibt. Dabei habt ihr euch selbst belogen, seid euch selbst ausgewichen, habt ihr euch selbst verdrängt. Ich kann nicht atmen in einer solchen Welt. Ich fühle mich unerwünscht, weil ich die Wahrheit suche. Unerwünscht als ungebetener Gast in eurer Welt, die es nicht gibt, die nur eine Bühne ist, für euer Theater, das ihr spielt. Ich bin im Zuschauerraum. Der Raum ist fast leer. Es stehen nur wenige Stühle darin, auf denen Menschen sitzen, die wie ich die Wahrheit suchen. So langsam beginne ich, es zu verstehen. Ich ahne, dass ich, solange ich zur Bühne schaue, die Wahrheit nie finden werde.

„Opfer und Täter, Täter und Opfer bedingen sich gegenseitig: Als Täter ermächtige ich mich der Freiheit des Opfers indem ich in das *Sein* des Opfers eindringe, es mit Gewalt verändere oder gar zerstöre. Außenstehende suchen mit ihrem Verstand einen Grund für meine Tat, finden aber keinen, mit dem sie die Tat moralisch rechtfertigen könnten. Sie „verbünden" sich moralisch mit dem Opfer, um sich von der Tat und zugleich vom Täter zu distanzieren. Aber was geschieht mit mir als Täter? Die Tat hat auch etwas mit mir gemacht. Ich habe durch mein Handeln *mein eigenes Sein* verändert. Wenn du die Waffe auf jemanden richtest, um ihn zu unterwerfen oder zu töten, dann richtest du die Waffe im Grunde gegen dich selbst", erklärt Vadim weiter.

„Was ist mit denen, die die Waffe tatsächlich gegen sich selbst richten, wie mein Vater?", frage ich ihn.

„Ich glaube, dass dein Vater nach Elsas Tod niemanden hatte, der sein Selbst vor ihm beschützte. Sie sah in ihm den Menschen, nicht den Wehrmachtsoffizier. Er konnte sein Menschsein durch sie erleben. Als sie starb, nahm sie diesen Teil von ihm mit in den Tod", antwortet er.

„Du denkst, dass Täter ihr Menschsein verlieren durch ihre Tat?", frage ich weiter.

„Nicht alle, das wäre zu einfach. Nicht alle Täter verlieren ihr Menschsein gänzlich, aber sie verändern es tiefgreifend. Manche Täter waren zuvor Opfer, entweder wiederum durch einen Täter oder durch *eigene Hand*", führt Vadim aus.

„Dass Opfer zu Tätern werden, ist mir bekannt. Aber durch *eigene Hand* zum Opfer werden? Das verstehe ich nicht", entgegne ich ihm.

„Als Opfer unterwerfe ich mich, *freiwillig* oder aus Angst. Es braucht keinen realen Täter, damit ich mich unterwerfe. Opfer erfahren wie die Täter eine Veränderung ihres Seins. Eine Veränderung meines Seins macht mich im Umkehrschluss also zu einem Täter oder einem Opfer. Nimm als Beispiel Schuldzuweisungen. Sie sind eine Form der Gewalt, die tief in das Sein des Beschuldigten eindringen und es verändern. Entstanden sind die Schuldgefühle aber in demjenigen, der sie einem anderen zuweist. Also hat vorab eine Veränderung seines Seins stattgefunden. Wenn ich sage *durch eigene Hand*, möchte ich eine Brücke schlagen zu jenen Menschen, die den Freitod wählen, wie dein Vater. Sterben Menschen, die sich selbst töten, tatsächlich *durch eigene Hand*, frei und selbstbestimmt? Die meisten würden urteilen: Ja, das tun sie. Wer ist in diesem Falle das Opfer? Sie selbst sind das Opfer und sie selbst sind Täter, in ein und derselben Person, oder nicht? Eine Spaltung des eigenen Seins führt zu dieser Dualität in einer Person. Ein Teil wird zum Täter, der andere Teil zum Opfer. Dein Vater hat als Mensch neben dem Wehrmachtsoffizier existiert, bis deine Mutter verstarb. Sein Menschsein war an ihre Wahrnehmung gebunden. Sein Empfinden für sich selbst, als Mensch, war seinem Sein als Wehrmachtsoffizier zum Opfer gefallen, als er zum Täter wurde. Der Rest von ihm, der noch ein Schattendasein führte, den nur deine Mutter noch wahrnehmen und lieben konnte, beschuldigte den Soldaten in ihm der Täterschaft. Die Schuld blieb in ihm und veränderte sein Selbst, und zwar beide Teile, die des Opfers und die des Täters. Er fiel sich selbst zum Opfer, *durch eigene Hand*", erläutert er.

„Ich verstehe", sage ich. „Selbstmörder sind Opfer ihres Selbst. Doch sind nicht alle Selbstmörder auch Täter gewesen?"

„Nein, nicht alle waren Täter, aber *alle* waren Opfer. Zum Täter werden sie erst, wenn sie durch eigene Hand ihr Leben beenden. Du musst verstehen, dass nicht die Täterschaft alleine Opfer hervorbringt. Die Veränderung des Seins macht dich zum Opfer oder Täter oder zu beidem", ergänzt er und fragt mich: „Die Frage ist, was diese Veränderung hervorgerufen hat, nicht wahr? Bist du schon einmal zu Unrecht einer Tat beschuldigt worden?"

„Ja, natürlich! Mehr als einmal", antworte ich.

„Wie ging es dir damit? Was hat die Schuldzuweisung mit dir gemacht?", fragt er weiter.

„Ich empfand Empörung. Ich fühlte mich gezwungen, mich gegen die Beschuldigung zu verteidigen, weil ich mich unschuldig fühlte", antworte ich.

„Hat man dir geglaubt?", will Vadim wissen.

„Ich habe beides erlebt. Aber ich erinnere viel stärker die Beschuldigungen, die nicht zurückgenommen wurden. Die anderen Vorfälle hinterließen zwar auch Spuren, aber keine bleibenden Verletzungen. Wenn man mir meine Unschuld tatsächlich glaubte, konnte ich die Empörung loslassen", erinnere ich mich.

„Schuld kann eben nur zurückgenommen werden von denen, die sie in die Welt setzten, und auch nur dann, wenn es wahr ist. Sonst bleibt sie haften an den Beschuldigten – auch wenn sie sie nicht annehmen können, bleibt sie haften, denn die Wahrnehmung der anderen Menschen verändert sich, und mit ihrer Wahrnehmung verändert sich das Sein. Wenn die Unschuld nicht geglaubt wird, verdrängt die Schuldzuweisung das Vertrauen zwischen den Menschen. Das verändert die Wahrnehmung auf beiden Seiten dauerhaft“, sagt Vadim.

„Das heißt, ich soll meiner Wahrnehmung nicht vertrauen?“, frage ich.

„Nein, ganz im Gegenteil. Du solltest *deiner* Wahrnehmung auf jeden Fall *vertrauen*“, widerspricht er mir und fährt fort: „Aber gleichzeitig solltest du anerkennen, dass du nicht alle Teile deines Selbst auch selbst wahrnehmen kannst.“

„Du meinst, so wie Mutter, die meinen Vater anders sah, als er sich selbst wahrnehmen konnte?“, frage ich nach.

„Ja, in der Wahrnehmung deiner Mutter war dein Vater ein ganz anderer Mensch als er es in seiner eigenen Wahrnehmung und in deiner und anderer Menschen war. Alle zusammengenommen waren Teile der Wahrheit seines Seins“, bestätigt Vadim.

„Du willst damit sagen, in der Wahrnehmung der anderen Menschen finde ich die Teile, die mir in meiner Selbstwahrnehmung fehlen?“, frage ich zweifelnd.

„Ja, so ist es. Aber das ist noch nicht das gesamte Bild“, sagt er und lächelt mich aufmunternd an.

„Als ich starb, erlebte ich *mein* Leben aus anderen Perspektiven noch einmal, manche Passagen auch mehrmals, aber nie gleich. Es war keine *Wiederholung* des bereits erlebten, weil meine Wahrnehmung nicht mehr an meinen Körper gebunden war. Sie war frei. Ich war frei, losgelöst von meinem Körper“, erzählt Vadim weiter. „Ich nahm mich wahr, ohne körperlich zu sein, verstehst du? Ich konnte sehen und hören und fühlen, ohne die

Einschränkungen meines Körpers. Ich konnte wählen loszulassen, und ich ließ los."

„Bist du *Gott* begegnet?", frage ich unvermittelt.

„Ja, ich glaube, das bin ich. In dem Moment, in dem ich losließ und aufhörte *Ich* zu sein, konnte ich es spüren. Es war *allgegenwärtig*", antwortet er.

„Wie fühlt *es* sich an?", will ich wissen.

„Es ist schwer zu beschreiben, wie es sich anfühlt, es gibt kein vergleichbares Gefühl. Vielmehr ist es, als ob alle Gefühle, die man kennt, verschmelzen zu einem, zu einer Gewissheit, dass es eine Ordnung gibt", fährt Vadim fort.

„Eine *Ordnung*?", frage ich nach.

Vadim berichtet weiter: „Eine wunderbare Ordnung, in der alles seinen Platz hat, alles seinen Sinn erfüllt, alles vollkommen ist, im Zusammenspiel miteinander. Es fühlte sich an, als ob alles *eins* ist und wir alle die Summe seiner Teile sind."

„Und als du wieder zurückkamst ins Leben?", frage ich weiter.

„Da war ich wieder Mensch. Ich hatte um Gewissheit gebeten und sie bekommen. Ich wusste, dass ich leben will", erinnert er sich.

Wir schweigen eine Weile. Das Gesagte schwirrt fast greifbar im Raum, und in meinem Kopf kommt es langsam zur Ruhe und sucht seinen Platz. Meine Gedanken ordnen sich um das Erfahrene herum. Sie sitzen wie eine Katze vor einem Mauseloch und lauern auf die Erkenntnis, die weitere Gedanken überflüssig macht, weil das Verstehen plötzlich da ist.

„Ich möchte noch einmal zurückkommen auf die Wahrnehmung. Du sagtest, dass ich in anderen Menschen Teile meines Selbst wahrnehmen kann, dies aber nicht das *gesamte Bild* ist?", frage ich noch einmal nach.

„Der Mensch besteht aus mehr als seinen Teilen, die er selbst oder andere wahrnehmen können. Wie ich schon sagte, ist unsere Wahrnehmung, so sie an unseren Körper gebunden ist, begrenzt. Wir erleben uns als Individuen, stehen einander gewissermaßen gegenüber. Wir bewerten das Wahrgenommene aus unserem individuellen Erleben heraus, das sich in einem anderen

Kontext ganz anders erleben ließe. Betrachtest du dein Selbst aus den Perspektiven aller Menschen auf der Welt und stellst deren Wahrnehmung in alle Kontexte, die es gibt, näherst du dich dem Gesamtbild an. Dazu kommt noch die nichtmenschliche Wahrnehmung unseres Selbst, also die außerhalb unserer körperlichen Sinneswahrnehmung", erklärt er.

„Das heißt also, dass es unmöglich ist, sein eigenes Selbst wahrzunehmen, wie es ist", schlussfolgere ich.

„Es ist unmöglich, solange du Mensch bist", fügt Vadim hinzu.

„Solange ich Mensch bin, heißt, solange ich lebe?", frage ich nach.

„Solange du lebst und an deine Wahrnehmung, deinen Körper und deinen Verstand gebunden ist", ergänzt er.

„Das ist eine Qual. Solange ich lebe, kann ich mich nicht selbst wahrnehmen, wie ich bin, kann ich mein Selbst nicht erfahren?", entgegne ich fragend.

„Das habe ich nicht gesagt. Ich sagte ‚solange du lebst *und deine Wahrnehmung an deinen Körper und deinen Verstand gebunden ist*.‘ Alles, was du wahrnimmst, wird durch deinen Verstand erklärt, zugeordnet zu deinem Wissen oder Glauben über die Welt. Das heißt, du nimmst die Welt und die Menschen wahr durch den Filter deines Verstandes", führt Vadim weiter aus.

„Ja, es ist mir klar, dass es keine bewertungsfreie Wahrnehmung gibt, und weiter?", frage ich.

„Ich will damit sagen, dass der Weg zur Wahrnehmung deines Selbst außerhalb deiner körperlichen Sinne und deines Verstandes liegt. Wenn wir geboren werden, sind wir bis zu einem gewissen Alter noch ganz mit der Welt verbunden, wir nehmen uns als *eins* mit der Welt wahr. Erst dann stellen wir uns ihr gegenüber und beginnen, unsere Wahrnehmung in das Weltbild unseres Umfeldes einzupassen. Wir treten gewissermaßen in die Wahrnehmungswelt der Erwachsenen ein und übernehmen deren Werte und Normen, durch die sie die Welt und die Menschen betrachten", erläutert er.

„Ich glaube, dass dein Gefühl, ein ungebetener Gast zu sein, daher rührt, dass du die Wahrnehmung deines Umfeldes *nicht* übernommen hast, weil sie mit deiner *inneren Wahrnehmung* nicht übereinstimmte", äußert er weiter.

„Jakob, ich denke, dass du damit ringst, deine äußere Wahrnehmung auszuschalten, die deine innere Wahrnehmung überdeckt, von der du *weißt*, dass sie wahr ist. Dein *ungebetener Gast* sitzt tief in dir drin", schließt er.

„Ich passe nicht in diese Welt, in dieses Leben. Das fühle ich. Ich verspüre keine Lebensfreude und trotzdem bin ich noch hier. Ich sehne mich nicht nach dem Tod, ich sehne mich nach *Leben* und habe das Gefühl, dass ich meine Zeit vergeude, indem ich danach suche – ich meine, nach dem *echten* Leben. Genauso unpassend wie meine Worte sind, um es zu beschreiben, wie es ist, wie es sich anfühlt, ist mein Leben knapp daran vorbei, was Leben sein kann, was Leben ist. Ich lebe in einer Parallelwelt, in einem Körper, der nur scheinbar denen ähnelt, die *normal* sind. Es fällt nicht gleich auf, aber ich sehe es, ich höre es, ich fühle es."

„Wer sagt dir, dass du nicht hineinpasst, dass du unerwünscht bist?", fragt Vadim nach.

„Niemand. Ich *weiß* es", antworte ich.

„Also ist es *deine Wahrnehmung* und nicht die der anderen", folgert er.

„Ja, *ich* nehme es wahr", bestätige ich.

„Du sagst, du fühlst dich unwillkommen, als blinder Passagier in deinem Leben. Weißt du, Jakob, ich kenne solche Gefühle", sagt er und fährt fort: „Gefühle der Selbsttrennung, der inneren Spaltung erlebten viele Menschen, die nicht flüchten konnten vor der grausamen Realität des Krieges. Um zu überleben, flohen sie vor der Realität, indem sie sich ihre eigene innere Welt schufen, in der sie überleben konnten. Nicht alle taten das, aber viele, *sehr* viele. Ich spreche von den Menschen, die weggeschaut haben, nicht von den Opfern, nicht von den Tätern. Obwohl es natürlich auch unter diesen *Wegschauer* gab. Die Sehnsucht nach Heilung hat die Menschen dazu gebracht, in diese innere Welt abzutauchen. Sie hätten das, was im Außen geschah, sonst nicht aushalten können. Nach der Kapitulation zerbrach der Schein, und die äußere Realität drängte sich unaufhaltsam hindurch ins Innere. Die einzige Rettung war es, *Unschuld zu erzeugen*. Niemand hatte etwas gesehen, oder gehört von dem, was vor sich ging. Es gab keine Schuldigen, aber so unendlich viel Schuld. Selbst bei den offensichtlichen Tätern gab es nur wenige, die sich schuldig fühlten. Also wohin sollte das Gefühl der Schuld? Es blieb, wo es war, auch nach dem Tod der Kriegsgenerationen, weil sie es zurückließen. Schuld ist ein mächtiges Gefühl. In ihr verbergen sich Angst, Entsetzen, die Unannehmbarkeit des eigenen Selbst. Du spürst sie. Sie ist unannehmbar für dich und gleichzeitig kannst du sie nicht vergeben. Deinem Vater nicht und dir nicht."

Ich kann nichts sagen. Vadims Worte treffen. Ich spüre es in mir hochsteigen. Es will raus, das Gefühl, *ein ungebetener Gast zu sein*, will raus und auf alle zeigen, die nicht hingeschaut haben! Es will raus und alle demaskieren, ihre Scheinwelt in Fetzen reißen und ihre Gesichter tief hineindrücken in die Schuld, sodass sie sie einatmen müssen, mit jedem Atemzug, den sie tun. Doch sie sind bereits tot. Sie haben sich davongemacht, ohne ihre Schuld abzutragen, sie haben sie zurückgelassen – haben *mich* im Stich gelassen. Ich spüre Tränen der Wut aufsteigen, die sich mit *dem Gefühl* an die Oberfläche drängen.

„Du hältst sie fest, die Schuld. Du musst sie loslassen, Jakob" rät Vadim mir.

In der Nacht begegne ich meinem Vater. Er tritt an mein Bett. Ich schlafe nicht. Ich bin wach und sehe ihn deutlich. Ich erkenne ihn sofort. Er trägt seine Wehrmachtsuniform. Er ist jung, viel jünger, als ich ihn jemals erlebte. Er spricht nicht, aber ich höre seine Stimme, höre die Worte, die er nicht ausspricht, die er nie aussprach. Ich fühle, wie sich seine Worte in meinem Kopf zu Erinnerungen formen, nicht meine, sondern seine, die er jetzt mit mir teilt. Ich höre zu, Vater. Ich höre zu.

Ich klammere mich an die Schuld, wie ein Ertrinkender an ein Stück Holz, das im Wasser treibt, weit entfernt von der Küste. Wenn ich sie loslasse, ertrinke ich im Meer der Verdrängung. Es ist wie eine innere Sucht, die mich treibt. Ich muss mich festhalten, um mich selbst nicht zu vergessen. Die Schuld ist da! Sie ist da! Solange sie da ist, existiere ich. Am Meeresgrund lebt die Unschuld. Dort sind all jene gefangen, die sich frei fühlen wollten. Sie trinken die Unschuld mit jedem Atemzug und merken dabei nicht, dass sie mit jedem Schluck sich selbst ertränken. Längst abgelegt, wie alte Kleider, haben sie ihr Selbst. Neue, schöne, saubere Kleider tragen sie nun. Neu, schön und sauber ist ihre Welt, in der sie leben. Wie ich sie verachte! Ich verachte sie zutiefst, sie und ihre Welt. Heuchler! Lügner! Mörder seid ihr alle! Ich bewege mich nicht, ich bin tief in mir und bei denen, die durch meine Hand, mein Wegschauen, meine bloße Existenz sterben mussten. Der Junge kniet vor mir jeden Tag, jede Nacht sehe ich ihn auf meinem Bett sitzen, die Waffe in der Hand, mit der ich ihm ins Genick schoss, weil er ein Ei gestohlen hatte. Das ist gelogen! Ich habe ihn getötet, um *mein* Leben zu retten. Wie lächerlich es mir erscheint. Ich muss lachen bei dem Gedanken, man könnte sein Leben retten, wenn man einen anderen Menschen dafür töten muss. Ich bin nicht unschuldig. Ich bin schuldig! Ich bin schuldig! Jakob, mein Sohn, du weißt es! Du wusstest es immer. Ich sehe es in deinem Blick, dass du die Schuld erkennst, die in mir wohnt, die ihr Zuhause gefunden hat. Ich bewahre sie wie einen Schatz. Sie ist der Rest, der von mir übrigblieb, der Rest des Menschen, der ich einmal war. Jakob, mein geliebter Sohn, du wurdest mir geschickt. Durch deine Augen sehe ich mich. Du triffst mit deinen Blicken tief ins Schwarze meiner Seele, die verdorrt ist. Jakob, trag sie weiter für mich, sie darf nie vergessen werden, verstehst du? Nie! Versprich es mir, mein Sohn, dass du sie trägst und das Andenken aller Opfer mit ihr. Lass sie nicht verschwinden, wie alle, die unauffindbar verschwanden, als hätten sie niemals existiert. Es ist die einzige Spur, die zu ihnen führt. Die einzige Spur ist sie, die Schuld! Halt sie fest!

Ich halte sie längst, Vater. Ich halte sie schon immer. Sei unbesorgt. Du kannst sie bei mir lassen. Bei mir ist sie in Sicherheit. Er blickt mich an und scheint zu verschwinden. Jetzt hat er sie losgelassen, denke ich. Jetzt hat er losgelassen.

Seltsam leicht fühlt es sich an, in meinem Inneren. Ich fühle mich unbeschwert. Ein neues, mir unbekanntes Gefühl. Ich verstehe es jetzt! Ich spüre Tränen der Erleichterung in mir aufsteigen.

Mein ungebetener Gast ist willkommen! Ich sah ihn im Staub knien vor meinem Vater, spürte seine Angst, als wäre es meine. Ich habe dich gesehen, obwohl mein Vater seine Augen verschloss. Ich sah dich, spürte dich, sah mich, spürte mich zum ersten Mal. Jetzt verstehe ich! Es gibt keine Zeit in Valhalla. Wir sind eins. Mein Vater starb mit dir, als er dich tötete. Er starb und ich wurde geboren. Nun muss er uns nicht mehr festhalten. Er hat losgelassen!

Es gibt keine Schuld. Schuld braucht Individualität, und die existiert nicht. Es gibt sie nicht. In Wahrheit sind wir eins. Jetzt verstehe ich es. Schuld ist ein Konstrukt, das Gefühl der Unannehmbarkeit des eigenen Selbst. Wenn wir uns trennen von unserem Selbst, erzeugen wir Schuld, um die Trennung auszuhalten und *sie* zu erinnern, die wir von uns abtrennten.

Nach Valhalla reist man mit leichtem Gepäck. Meine Koffer sind jetzt leer, denke ich. Ich sehe meinen Vater mit meinen geistigen Augen. Er lächelt. „Das erste Mal, dass ich ihn lächeln sehe", denke ich und spüre zugleich das Lächeln in meinem Gesicht.

Vadim sitzt auf der Ofenbank, als ich eintrete. Er schaut mich an und lächelt. „Du hast sie gefunden, deine *Schuld*, nicht wahr?", fragt er. Ich nicke, setze mich zu ihm und erzähle ihm von meinem *Traum*.

Wir schweigen eine Weile zusammen und genießen die Stille, die alles umschließt. Ich habe keine Fragen mehr. Alles liegt offen vor mir, die Vergangenheit, die Gegenwart und die Zukunft. Alles ergibt nun einen Sinn. Ich habe mich selbst gefunden, tief in mir war mein wahres *Ich* versteckt.

Vadim erzählte mir noch viel über Valhalla in den Tagen, die ich bei ihm verbrachte. Er half noch vielen Toten, ihre Koffer zu leeren, bis er selbst aufbrach, mit leichtem Gepäck, und den ersten Zug nahm.

Die Welt hat sich verändert für mich, seit ich mich fand. *Meine Wahrnehmung* veränderte sie. Ich hinterlasse meine Erinnerungen und die der anderen Menschen, die mir schon vorausgereist sind, in der Hoffnung, dass sie all denjenigen helfen, die sie lesen und verstehen, in *ihrer Schuld*, so sie welche tragen, ihr *Selbst* zu entdecken.

Die Autorin

 Ingrid Schliebusch wurde 1968 als jüngstes von drei Kindern in Bonn geboren. Nach ihrem Abitur in Königswinter studierte sie Biologie und Chemie in Köln und Bonn. Sie absolvierte Ausbildungen in Naturheilkunde, Lerntherapie, Kinesiologie, systemischer Aufstellungsarbeit und lösungsorientierter Kurzzeittherapie. Danach folgte eine mehrjährige Tätigkeit in eigener Praxis. Die Autorin arbeitete als Lehrerin für Biologie und Chemie sowie als Förderlehrerin in Hamburg, Kreuzlingen (Schweiz), Köln, Bad Nauheim und Bonn. Nach ihrem Ausstieg aus dem Berufsleben beendete sie 2020 ihr erstes Buch „Elibrium", danach folgten 2021 das zweite Buch „Valhalla" sowie 2022 das dritte Manuskript für „Das Buch der Heilung". Das erste und das dritte Buch wurden im Sommer 2023 im Spirit Rainbow Verlag veröffentlicht. Derzeit wohnt Ingrid Schliebusch in Spanien, zusammen mit ihrem Mann und drei Hunden.